AF269824

Los YOGA SUTRAS *de* PATANJALI

Diseño de portada: Editorial Sirio, S.A.
Maquetación: Toñi F. Castellón

© de la presente edición
  EDITORIAL SIRIO, S.A.
  C/ Rosa de los Vientos, 64
  Pol. Ind. El Viso
  29006-Málaga
  España

www.editorialsirio.com
sirio@editorialsirio.com

I.S.B.N.: 978-84-18531-94-1
Depósito Legal: MA-801-2022

Impreso en Imagraf Impresores, S. A.
c/ Nabucco, 14 D - Pol. Alameda
29006 - Málaga

Impreso en España

Puedes seguirnos en Facebook, Twitter, YouTube e Instagram.

El papel utilizado para la impresión de este libro está **libre de cloro** elemental (ECF) y su procedencia está certificada por una entidad independiente, no gubernamental, que promueve la sostenibilidad de los bosques.

Los YOGA SUTRAS *de* PATANJALI

Índice

Los *Yogasutras* de Patanjali es uno de los textos de la sabiduría hindú más traducidos, difundidos y comentados en Occidente.

Fue escrito en sánscrito en el norte de la India, hace casi dos mil años y su presentación comúnmente aceptada consiste en cuatro capítulos, siendo ese el formato que hemos mantenido en esta versión.

En sánscrito la palabra *sutra* designa el hilo de un collar y por extensión, el hilo conductor de un razonamiento, una exposición o una filosofía. Designa, al mismo tiempo, cada una de las perlas o de las cuentas que se insertan en ese hilo. En este caso, la palabra sutra se refiere a cada uno de los 195 versículos que componen esta breve obra. Este tipo de tratados son frecuentes en todas las tradiciones espirituales de la India. Se trata de textos muy concisos, que estaban destinados a ser aprendidos de memoria por los estudiantes.

Poco se sabe de Patanjali, el recopilador de los aforismos conocidos hoy como sus «Yogasutras». Con base en el análisis comparativo de los textos, la gramática y la ideas expuestas, se le suele situar entre el siglo III a. de C. y el año 250 de nuestra era, siendo esta última fecha la más probable en opinión de los expertos, ya que no han llegado hasta nosotros comentarios anteriores a la misma. Se cree que Patanjali debió de ser un personaje de clase alta, que en su edad madura o incluso avanzada, se retiró, como era frecuente entonces, a una cueva o a orillas de un río para dedicarse totalmente a una vida de ascetismo y meditación hasta alcanzar la liberación. Al parecer fue durante esa época cuando decidió recopilar las enseñanzas esenciales del yoga para que pudieran servir de guía a los practicantes sinceros.

Los *Yogasutras* de Patanjali son extremadamente breves. Apenas una docena de páginas de texto, sin embargo contienen la esencia de la sabiduría atemporal, que impregna y trasciende todas las escuelas y todos los sistemas de creencias. Son una herramienta incomparable que ayudará al meditador astuto a identificar las trampas y los obstáculos del sendero, indicándole también cómo superarlos. Lo condensado del mensaje, junto a la gran variedad de sentidos que pueden atribuirse a cada palabra sánscrita, ha hecho que sus traducciones varíen significativamente de unas versiones a otras. Cualquier traducción de estos aforismos no dejará de ser una versión más, fruto del conocimiento, de las vivencias y de la intuición del traductor.

Y esto mismo ocurre con la presente edición, compuesta a partir de cinco traducciones directas del sánscrito, en la que se ha intentado, sobre todo, resaltar la claridad del mensaje evitando al máximo los tecnicismos. Este libro es un texto inspirado. No puede leerse como un relato o una obra literaria. Nuestro deseo es que pueda ser saborearlo en esos momentos de paz, cada vez más escasos para la mayoría de nosotros.

I

El yoga y su finalidad

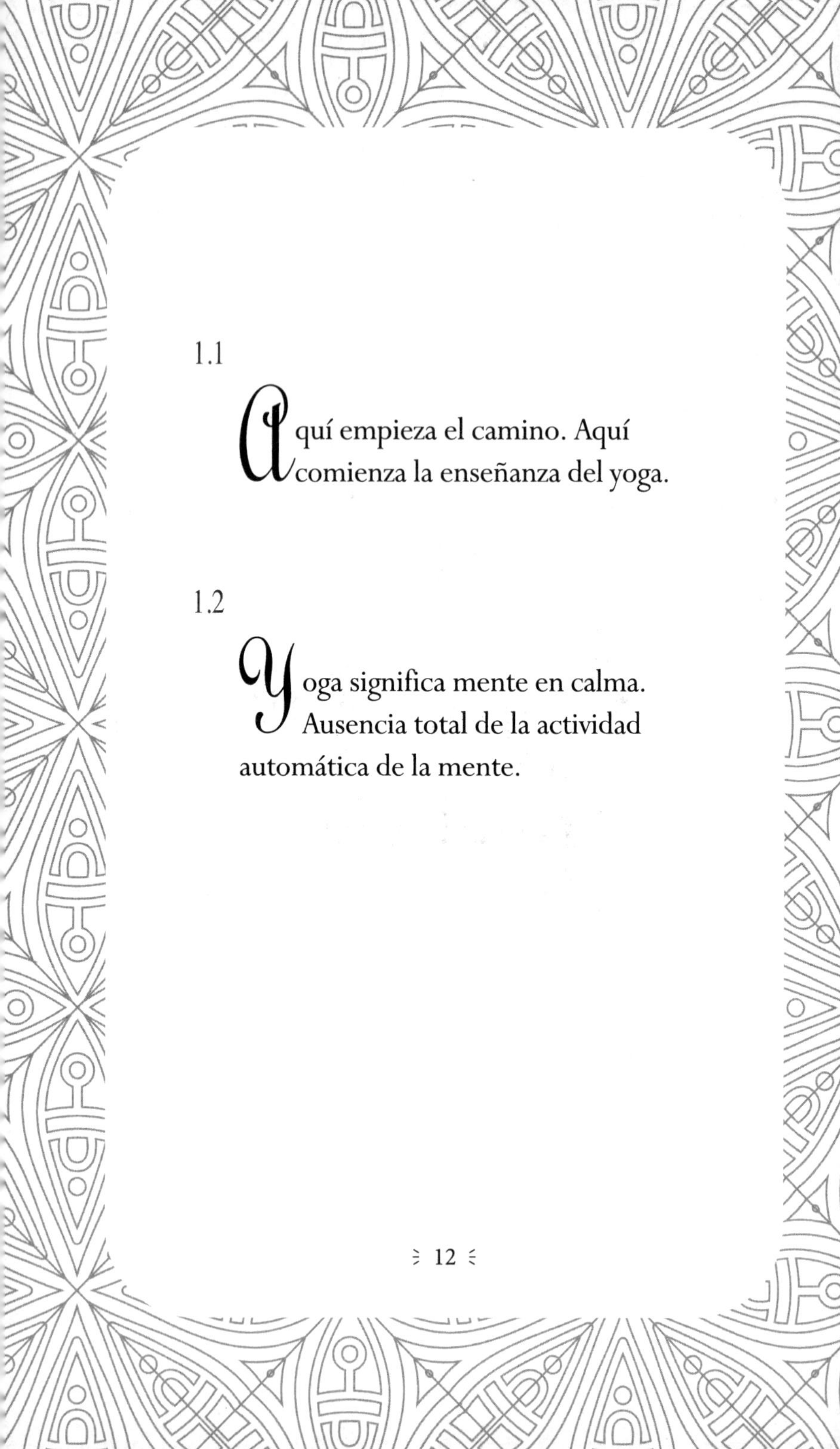

1.1

Aquí empieza el camino. Aquí comienza la enseñanza del yoga.

1.2

Yoga significa mente en calma. Ausencia total de la actividad automática de la mente.

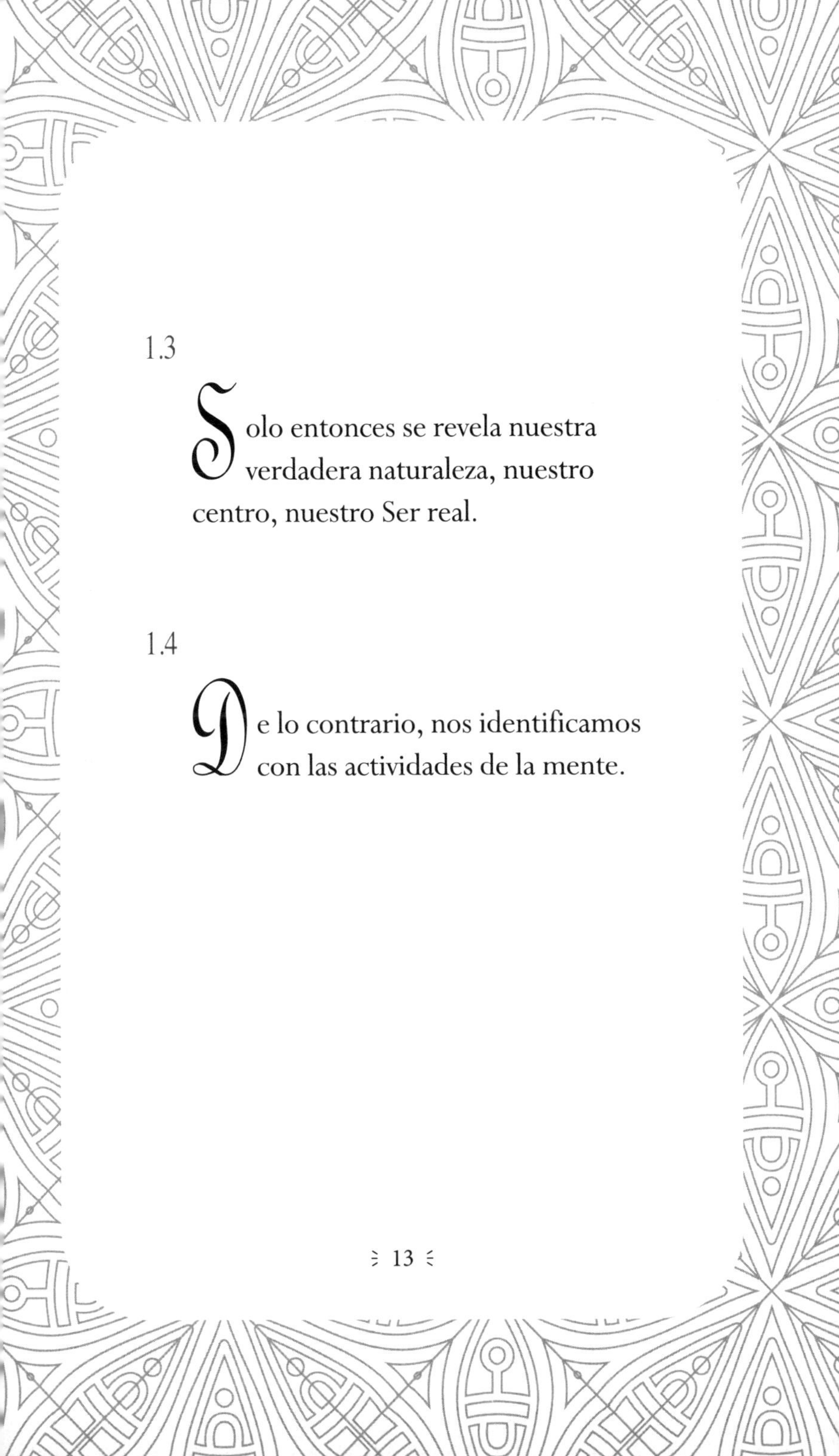

1.3

Solo entonces se revela nuestra verdadera naturaleza, nuestro centro, nuestro Ser real.

1.4

De lo contrario, nos identificamos con las actividades de la mente.

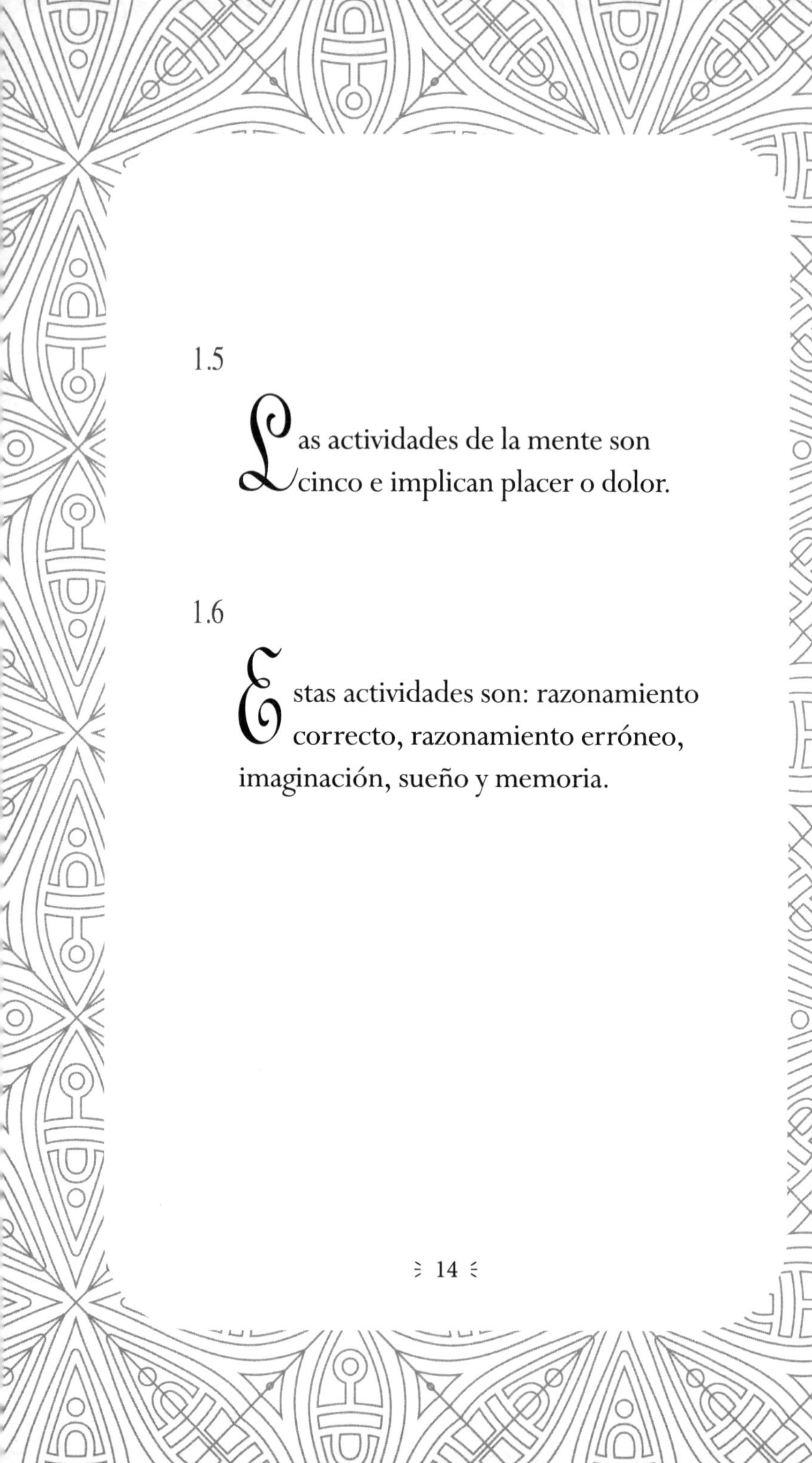

1.5

Las actividades de la mente son cinco e implican placer o dolor.

1.6

Estas actividades son: razonamiento correcto, razonamiento erróneo, imaginación, sueño y memoria.

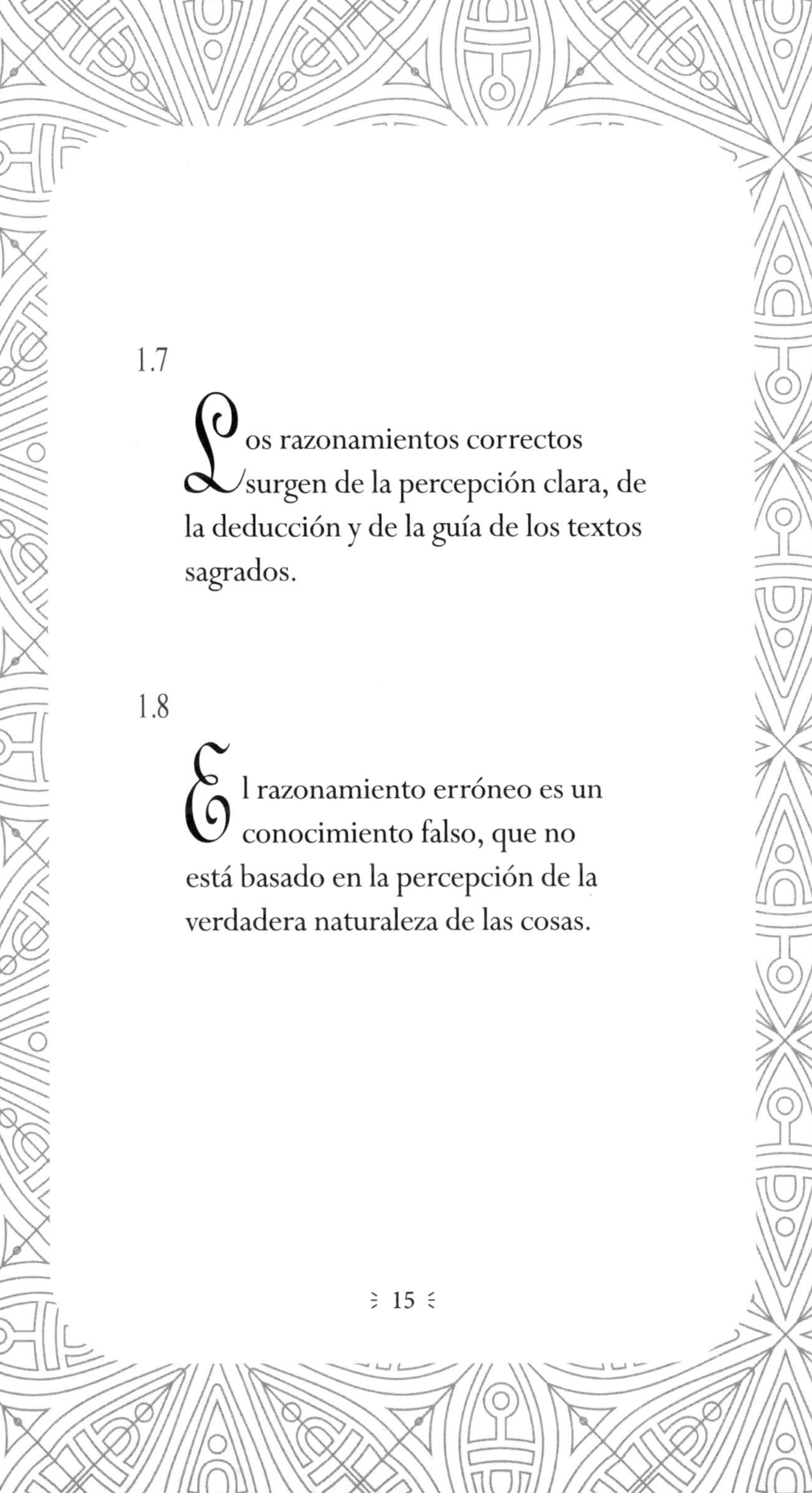

1.7

Los razonamientos correctos surgen de la percepción clara, de la deducción y de la guía de los textos sagrados.

1.8

El razonamiento erróneo es un conocimiento falso, que no está basado en la percepción de la verdadera naturaleza de las cosas.

1.9

La imaginación es la comprensión de un objeto basada únicamente en las palabras, sin experiencia directa.

1.10

En el sueño profundo la mente está inmersa en la pesadez y ninguna otra actividad está presente, mientras que el sueño con sueños es una actividad de la mente basada en un contenido ficticio.

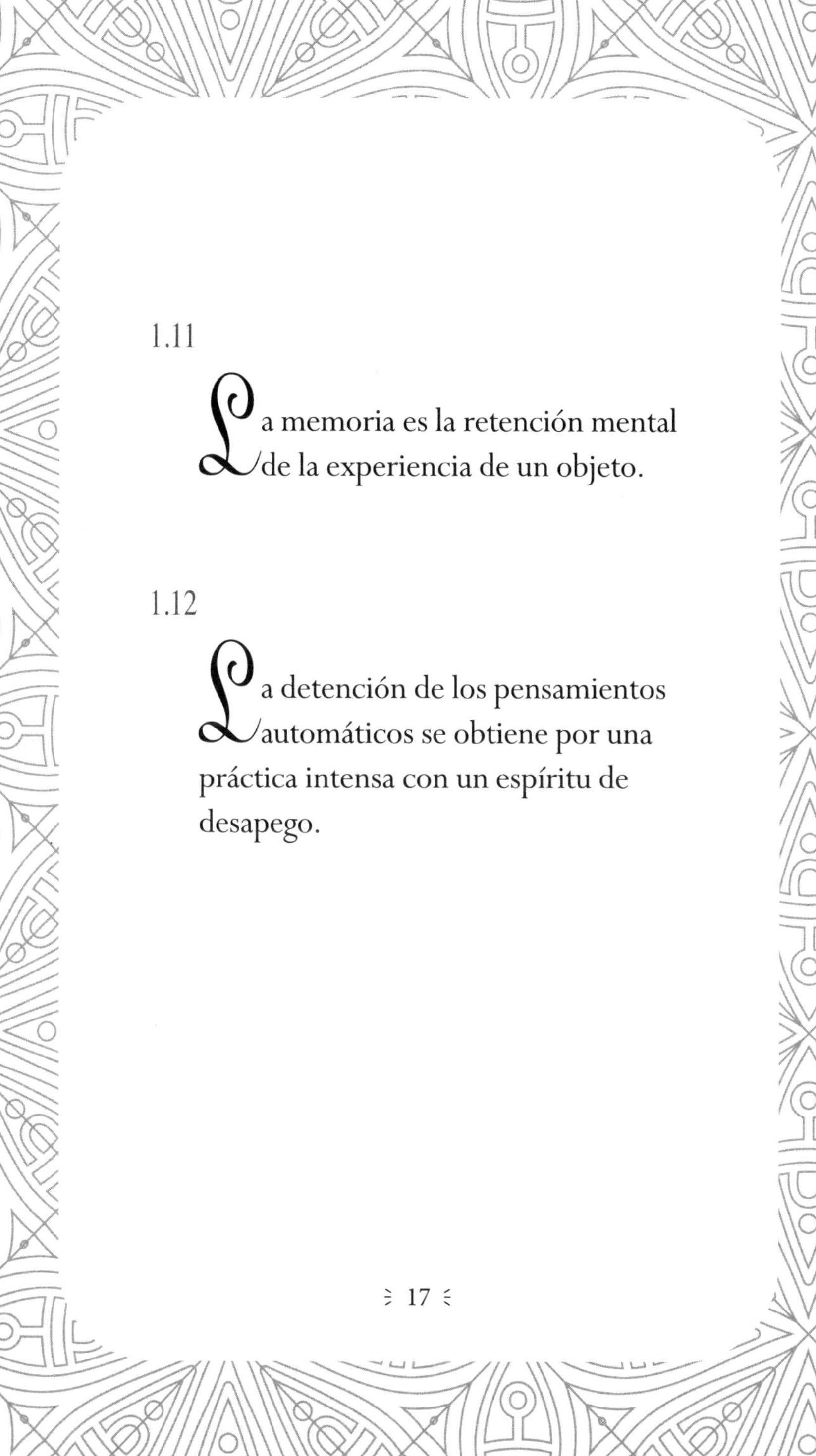

1.11

La memoria es la retención mental de la experiencia de un objeto.

1.12

La detención de los pensamientos automáticos se obtiene por una práctica intensa con un espíritu de desapego.

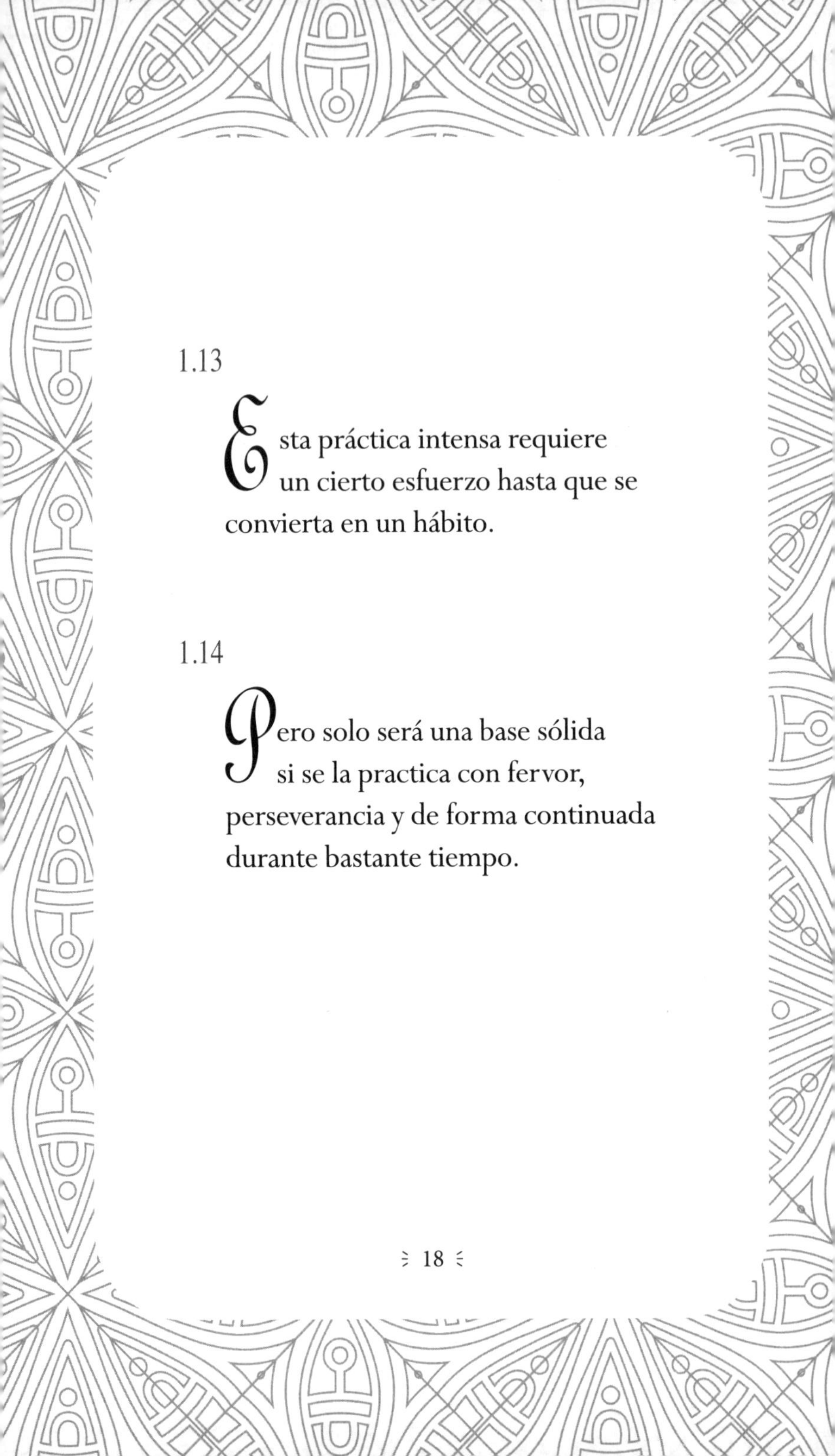

1.13

Esta práctica intensa requiere un cierto esfuerzo hasta que se convierta en un hábito.

1.14

Pero solo será una base sólida si se la practica con fervor, perseverancia y de forma continuada durante bastante tiempo.

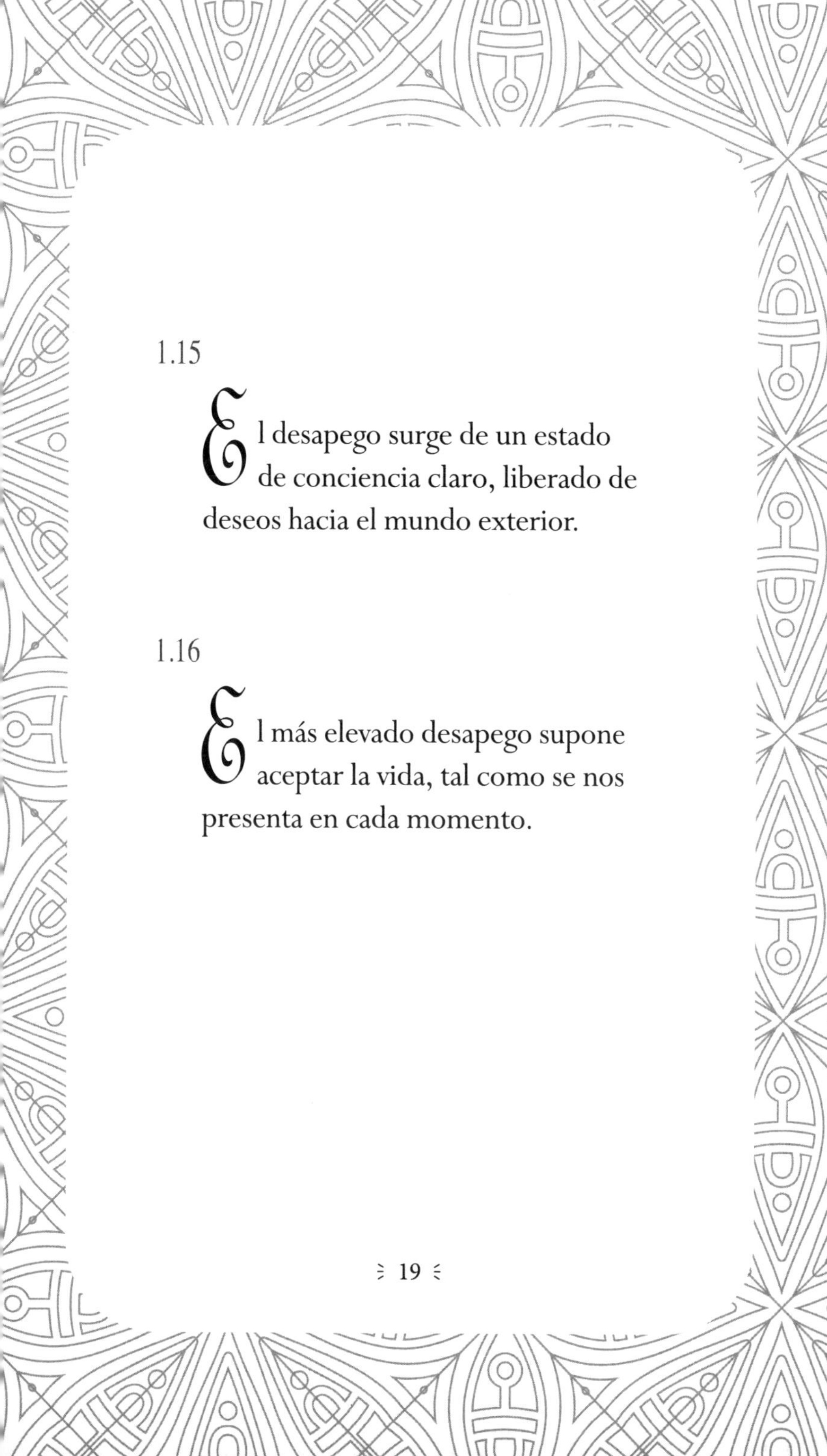

1.15

El desapego surge de un estado de conciencia claro, liberado de deseos hacia el mundo exterior.

1.16

El más elevado desapego supone aceptar la vida, tal como se nos presenta en cada momento.

1.17

El *samadhi* inicial, cuando la
conciencia está todavía volcada
hacia el exterior, toma primeramente
la forma de razonamiento externo,
luego de juicio interior, después de
dicha y felicidad, y finalmente de
reconocimiento del verdadero Ser.

1.18

Cuando la mente se mantiene
en silencio, habiendo cesado
totalmente su actividad, se alcanza
el *samadhi* superior, aunque el karma
acumulado en vidas pasadas pueda
todavía mantenernos aquí.

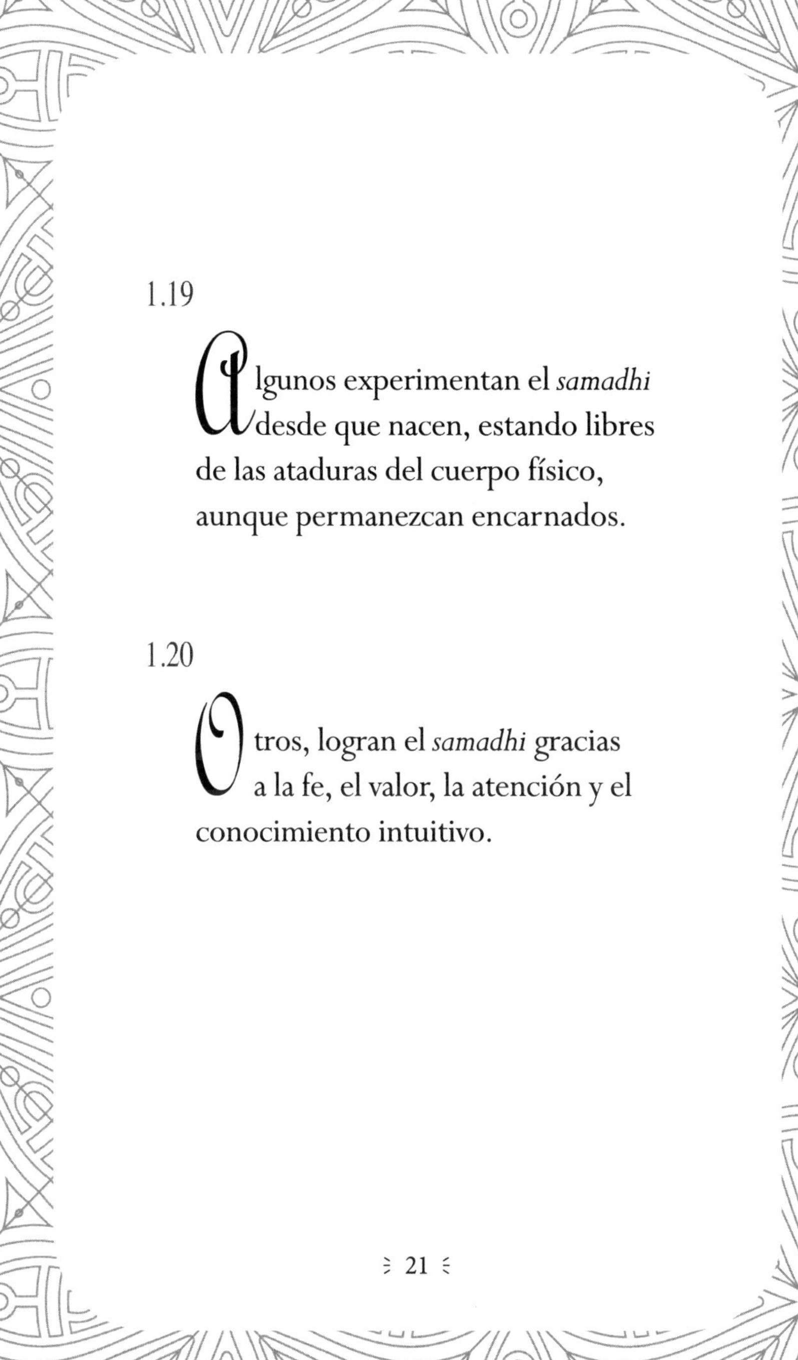

1.19

Algunos experimentan el *samadhi*
desde que nacen, estando libres
de las ataduras del cuerpo físico,
aunque permanezcan encarnados.

1.20

Otros, logran el *samadhi* gracias
a la fe, el valor, la atención y el
conocimiento intuitivo.

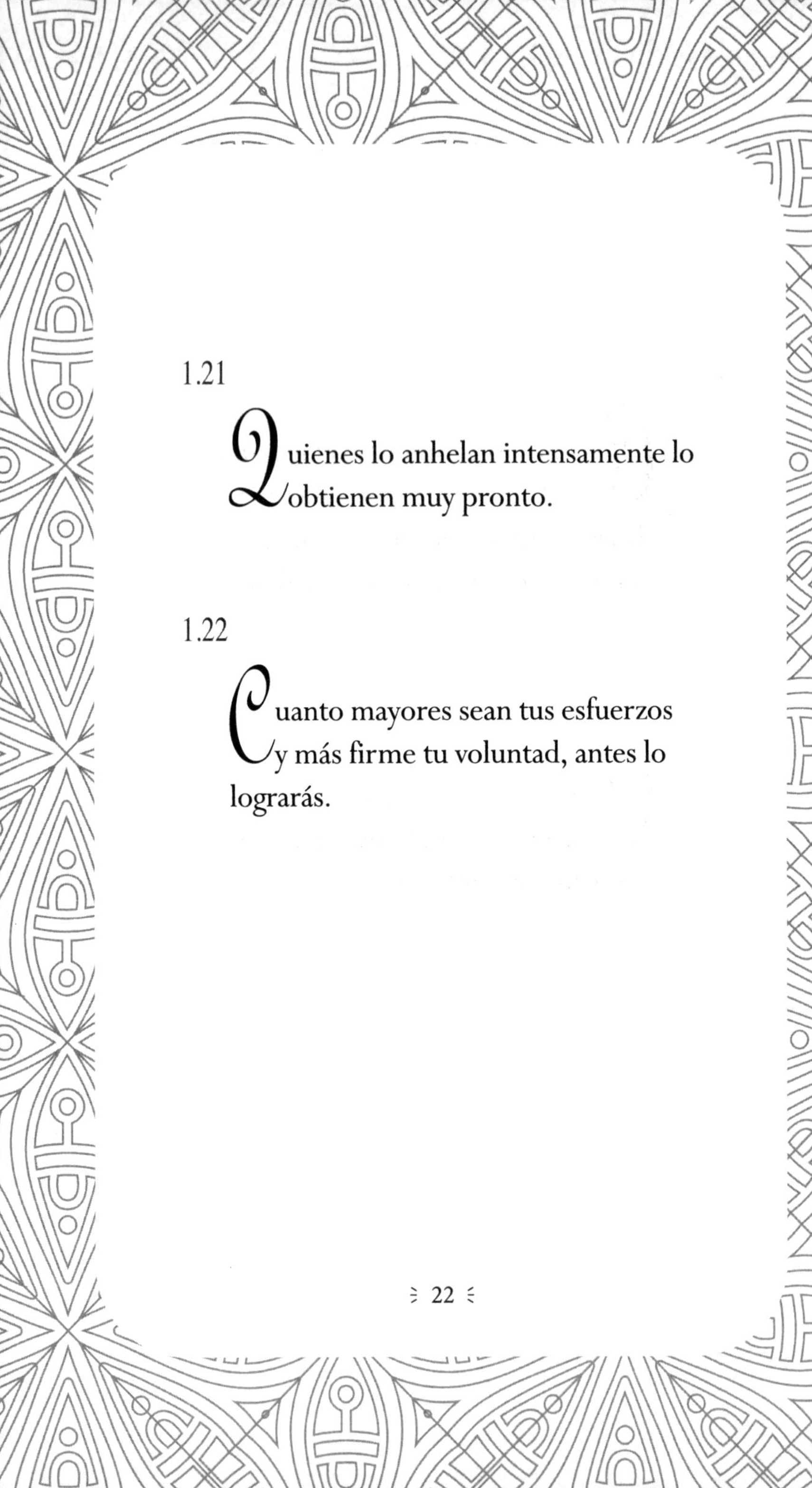

1.21

Quienes lo anhelan intensamente lo obtienen muy pronto.

1.22

Cuanto mayores sean tus esfuerzos y más firme tu voluntad, antes lo lograrás.

1.23 – 1.24 – 1.25

También puedes simplemente entregarte al Señor, a tu Ser Superior, al Espíritu Supremo, al Ser Omnisciente y Omniabarcante, que está libre de karma, de intenciones, deseos y aflicción. En Él se halla la semilla de todo conocimiento.

1.26

No estando limitado por el tiempo, liberado del pasado y del futuro, Él es el Maestro de todos los Maestros, incluso de los más grandes Maestros del pasado.

1.27 – 1.28

*O**M* es su palabra. Es la sílaba sagrada que designa a Dios. Recitándola repetidamente mientras piensas en su significado alcanzaras la divina gracia.

1.29

*C*on esta práctica la conciencia se interioriza y se superan todos los obstáculos.

1.30

Los obstáculos son: la enfermedad,
la inercia, la duda, la inconstancia,
la pereza, el deseo, la percepción
errónea, la incapacidad de mantener
lo ya conseguido y la debilidad y
dispersión mental y emocional.

1.31

Las nubes que oscurecen la
consciencia y acompañan a esa
dispersión mental y emocional son la
inquietud, la angustia, el nerviosismo y
la respiración acelerada.

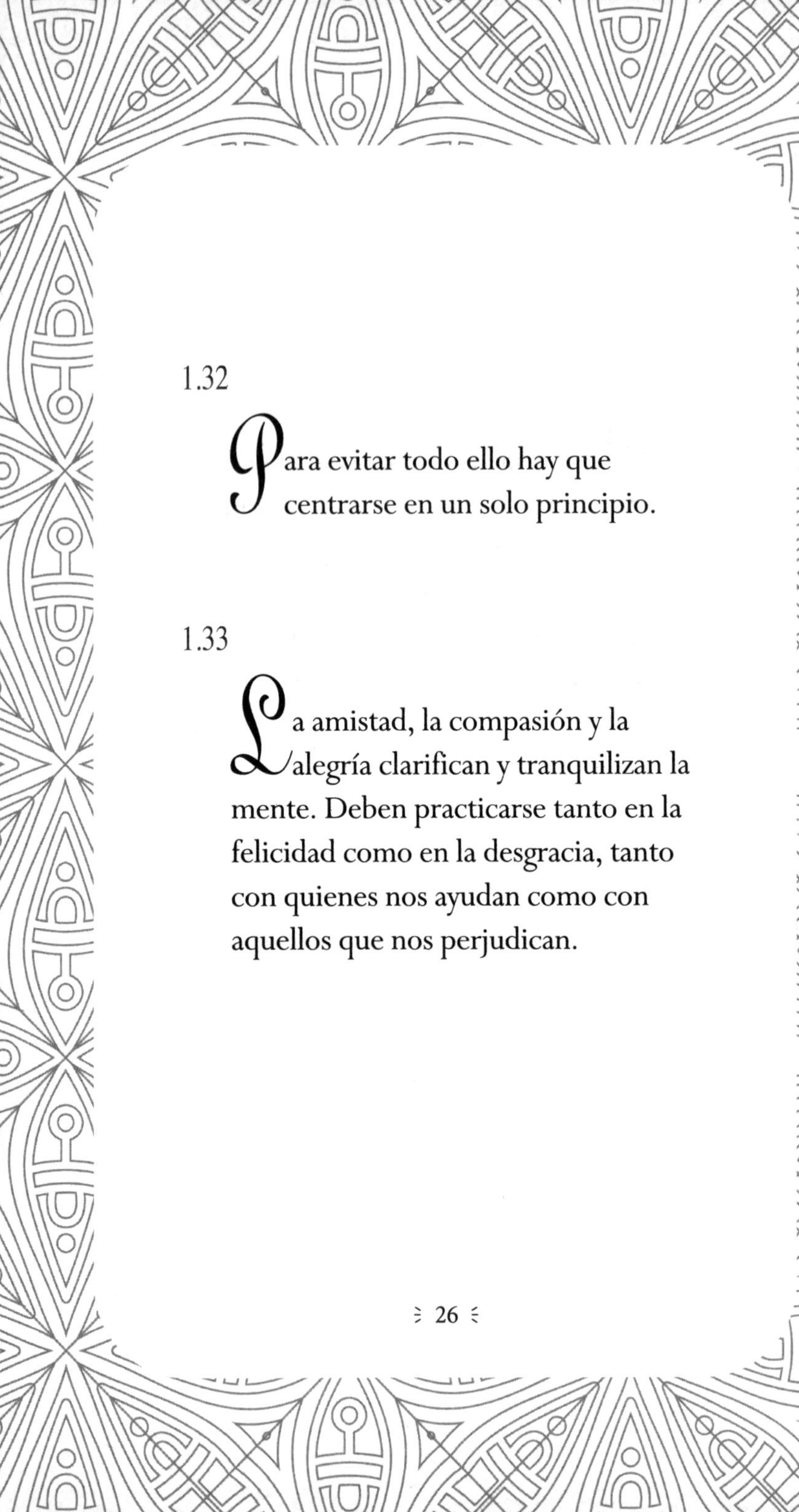

1.32

Para evitar todo ello hay que centrarse en un solo principio.

1.33

La amistad, la compasión y la alegría clarifican y tranquilizan la mente. Deben practicarse tanto en la felicidad como en la desgracia, tanto con quienes nos ayudan como con aquellos que nos perjudican.

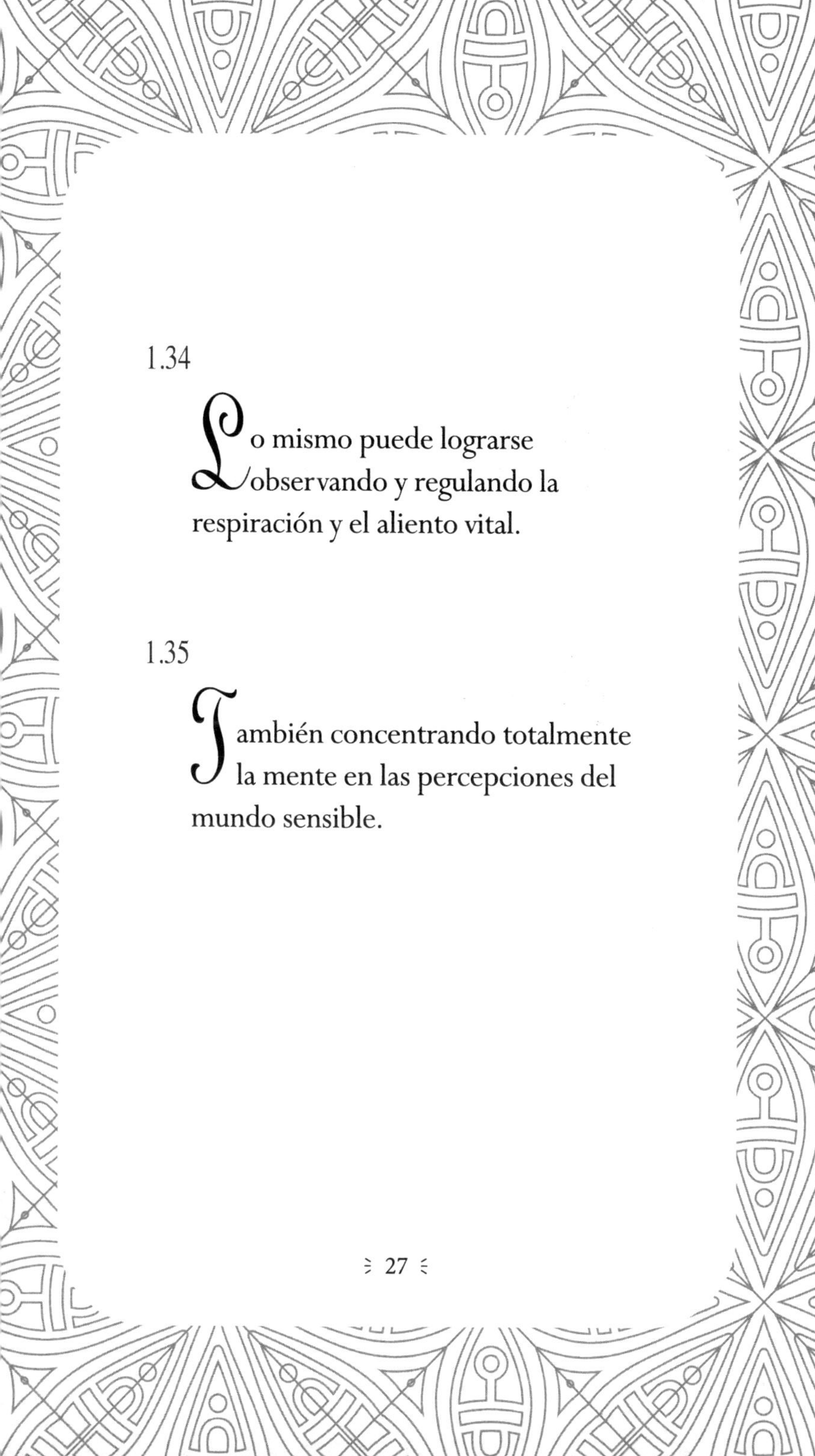

1.34

 L o mismo puede lograrse
observando y regulando la
respiración y el aliento vital.

1.35

 T ambién concentrando totalmente
la mente en las percepciones del
mundo sensible.

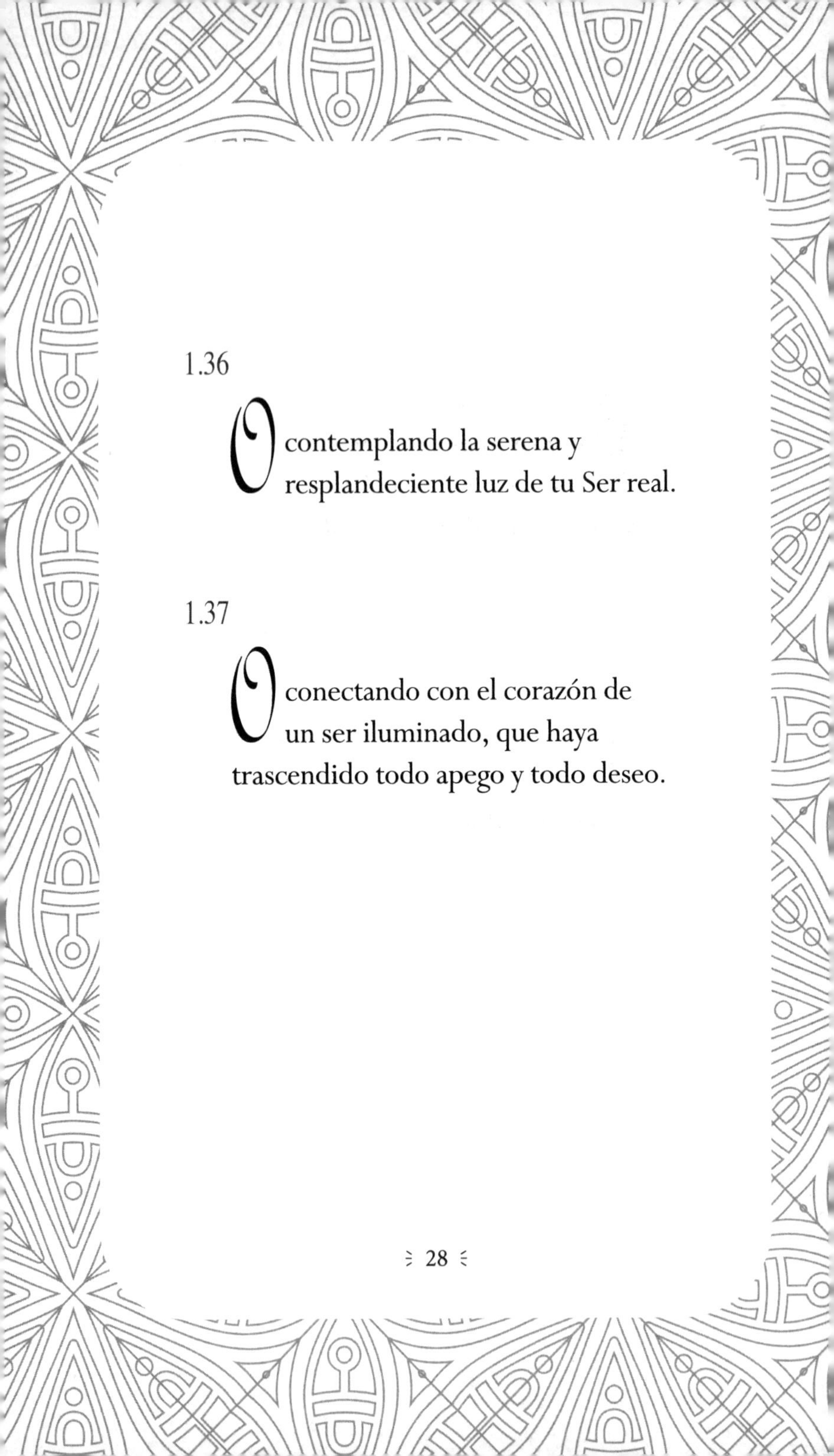

1.36

O contemplando la serena y
resplandeciente luz de tu Ser real.

1.37

O conectando con el corazón de
un ser iluminado, que haya
trascendido todo apego y todo deseo.

1.38

O bien permaneciendo vigilante en el corazón del sueño y de los sueños.

1.39

O incluso meditando en cualquier objeto que elijas.

1.40

Una mente que ha logrado ese estado puede controlar desde lo infinitamente pequeño a lo infinitamente grande.

1.41

Cuando las perturbaciones de la mente han sido apaciguadas, la conciencia, como el cristal más puro, refleja aquello sobre lo que se posa, ya sea el perceptor, la percepción o el objeto percibido.

1.42

Hay un estado en el que la mente
no está todavía libre del nombre,
de su significado y del conocimiento
del objeto. Este estado se conoce como
samapatti.

1.43

Cuando la memoria se ha purificado
vaciándose totalmente de su
sustancia, se produce una unión íntima
y completa con el propio objeto, sin
ninguna connotación mental. Este
estado se denomina *nirvitarka*.

1.44

Esta fusión permite a la conciencia captar la realidad sutil de las cosas, sin actividad mental alguna. Esto es el *savichara* y el *nirvichara samadhi*.

1.45

Captando la sustancia sutil se alcanza la naturaleza pura, el estado indiferenciado y sin características ni particularidades.

1.46

En estos estados mencionados, la conciencia está todavía condicionada y limitada, conteniendo aún el germen de la separatividad.

1.47

Sin embargo en el *samadhi*, libre de toda actividad mental, brilla el verdadero Ser.

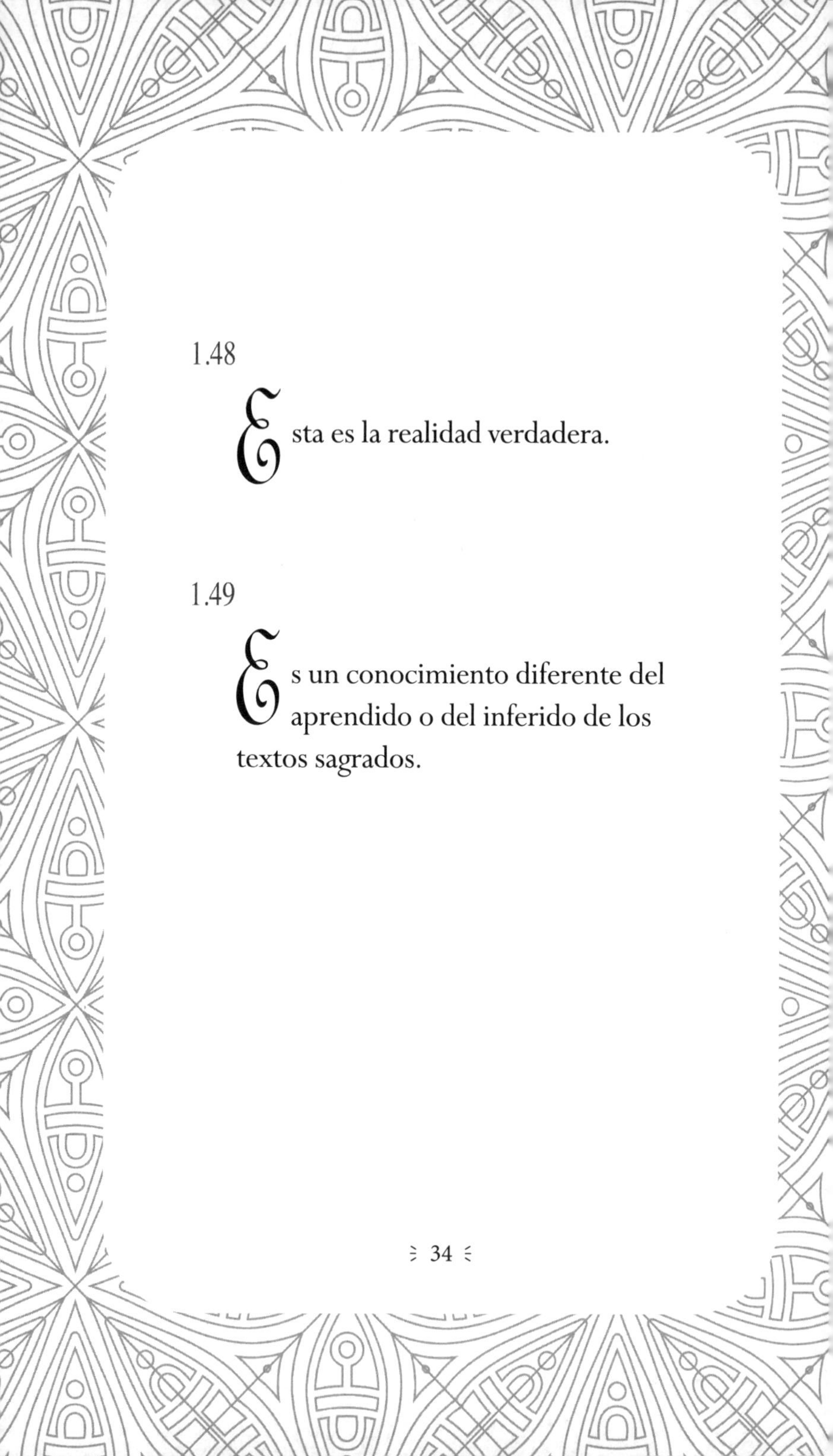

1.48

Esta es la realidad verdadera.

1.49

Es un conocimiento diferente del aprendido o del inferido de los textos sagrados.

1.50

Su impresión en la conciencia anula
toda impresión anterior, al igual
que la luz acaba con la oscuridad.

1.51

Finalmente, cuando también esa
impresión se termina, tenemos el
verdadero *samadhi*. La conciencia pura,
sin elementos de separatividad.

II

La práctica

2.1

La práctica se basa en tres principios: el anhelo ferviente, la consciencia de sí y la entrega al Ser Superior.

2.2

Su objetivo es eliminar los obstáculos y lograr el *samadhi*.

2.3

Los cinco obstáculos son: la
ignorancia, el egoísmo, el deseo,
la ira y el apego.

2.4

La ignorancia es la causa (oculta o
evidente) de los demás obstáculos
y también del sufrimiento que
originan.

2.5

Ignorancia es tomar lo impermanente como duradero, lo impuro como puro, la desgracia como felicidad y el ego como el Ser.

2.6

El ego surge al confundir al Ser que ve, con el órgano de la visión y con lo visto. Egoísmo es confundir la conciencia con lo reflejado en ella.

2.7

La ira aparece al rechazar el dolor.

2.8

El deseo nace de un apego al placer.

2.9

El apego a la vida está presente tanto en el sabio como en el ignorante. Es debido a que la mente retiene impresiones de la muerte en vidas anteriores.

2.10

Cuando están surgiendo y son todavía débiles, estos obstáculos pueden ser fácilmente erradicados

2.11

Cuando ya están más desarrollados pueden ser eliminados con la meditación.

2.12

El dolor que nos esclaviza tiene sus raíces en estos obstáculos, y se hace sentir en una vida tras otra.

2.13

Mientras esas raíces existan darán sus frutos en vidas sucesivas.

2.14

Esos frutos pueden ser de gozo o de aflicción. El buen karma genera felicidad. El mal karma causa sufrimiento.

2.15

*P*ero para el sabio, aunque los frutos
del buen karma en principio traen
felicidad, también generan desgracia
por el miedo a perder esa felicidad,
por el sufrimiento inherente al cambio,
por la angustia existencial y por los
condicionamientos del pasado. Toda
vida personal implica sufrimiento.

2.16

*E*l sufrimiento futuro puede
evitarse antes de que llegue.

2.17

La identificación del observador
con lo observado es la primera
causa de sufrimiento y debe evitarse.

2.18

Las cualidades de lo observado son
luz, movimiento y quietud. Lo
forman los elementos de la naturaleza
y los órganos de los sentidos. El motivo
de que exista es ser experimentado
y a través de esa experiencia, que
alcancemos la liberación.

2.19

Estas tres cualidades (*gunas*) actúan en cuatro niveles: el grosero, el sutil, el manifestado y el invisible o no-manifestado.

2.20

Quien experimenta, el Ser verdadero (o *Atman*), es la conciencia pura. Aunque adopta los cambiantes colores de la mente, en realidad es inmutable.

2.21

La verdadera esencia de las cosas (y de las situaciones) es que existen tan solo para ser experimentadas.

2.22

Desaparecen para quien ya ha llegado a la meta, pero siguen existiendo para los demás.

2.23

Identificándonos con las cosas
conocemos su naturaleza y
también nuestra propia naturaleza.

2.24

Pero esta identificación es causada
por la ignorancia.

2.25

Cuando cesa esta identificación del observador con lo observado, la ignorancia desaparece. Entonces termina la esclavitud y el observador-experimentador queda liberado.

2.26

El medio para alcanzar la liberación es la práctica constante del discernimiento.

2.27

El experimentador logra el conocimiento en siete pasos sucesivos, avanzando hacia el más elevado.

2.28

Tan pronto como las impureza mentales han sido eliminadas mediante la práctica del yoga, la luz de la sabiduría inunda a la mente.

2.29

*L*as ocho disciplinas del yoga son:

- El recto comportamiento con los demás.
- El recto comportamiento con uno mismo.
- La práctica de la postura.
- La práctica de la respiración.
- El retiro.
- La concentración.
- La meditación.
- El *samadhi* (la iluminación).

2.30

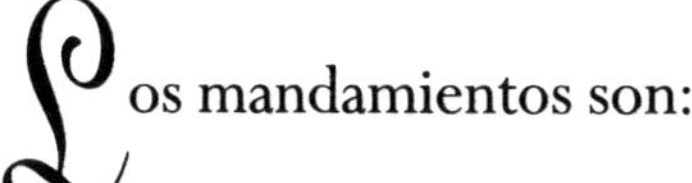os mandamientos son:

- Abstenerse de dañar a los demás.
- Veracidad.
- Honestidad.
- Moderación.
- Generosidad

2.31

Estas son las normas básicas de conducta y deben seguirse con independencia del lugar, la hora o las circunstancias.

2.32

Las reglas son la pureza de pensamientos y actos, no desear más de lo que se tiene, practicar la austeridad, esforzarse en el autoconocimiento y ser consciente de la naturaleza sagrada de todo cuanto existe.

2.33

Para liberarse de los pensamientos perturbadores hay que cultivar los pensamientos opuestos.

2.34

Las perturbaciones, como la violencia o la falsedad, ya sean creadas por uno mismo, causadas indirectamente o aprobadas en otros, están motivadas por la codicia, la ira o el interés. Pequeñas, medianas o grandes, sus consecuencias siempre son el dolor y la ignorancia. Hay que recordar siempre esto y aplicar los pensamientos opuestos.

2.35

Cuando se adopta profundamente la no-violencia, todas las criaturas cesan de temer nuestra presencia.

2.36

Cuando nos instalamos firmemente en la veracidad, todos nuestros actos dan los frutos adecuados.

2.37

Cuando descansamos firmemente en la honestidad, la riqueza fluye hacia nosotros.

2.38

Cuando somos firmes en la moderación, adquirimos energía espiritual.

2.39

Cuando el hombre deja de interesarse en la adquisición de bienes inútiles recibe el conocimiento de sus existencias pasadas, presentes y futuras.

2.40

La pureza hace que dejemos de ser esclavos de nuestro cuerpo y que perdamos interés en el de los demás.

2.41

Cuando el corazón está purificado
la mente está tranquila y feliz, se
incrementa el poder de concentración,
el control de las pasiones y la facilidad
para contemplar al Ser.

2.42

La aceptación nos lleva a la
felicidad más elevada.

2.43

La austeridad destruye las impurezas y propicia la perfección del cuerpo y de los sentidos.

2.44

En tu interior, lograrás la comunión con el aspecto de Dios que hayas elegido adorar.

2.45

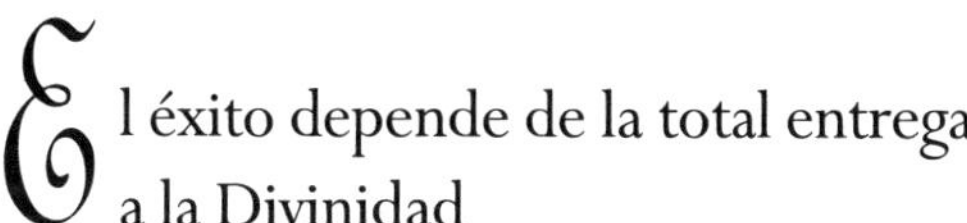 l éxito depende de la total entrega
a la Divinidad

2.46

 a postura debe ser firme y
confortable.

2.47

El verdadero equilibrio se consigue con un esfuerzo constante y moderado, con el corazón puesto en lo Infinito.

2.48

Entonces, los pares de opuestos de la experiencia sensorial dejan de tener efecto.

2.49

Cuando esto se logra, las fuerzas vitales siguen la dirección correcta y cesan las perturbaciones de la respiración.

2.50

La respiración (inspirar, expirar y pausa) será prolongada, breve o sutil, de acuerdo al lugar y al momento.

2.51

*P*ero hay un cuarto tipo en el que todo movimiento, tanto interno como externo, se detiene.

2.52

*E*ntonces el velo que oculta la Luz se disipa.

2.53

$\mathcal{Y}$ la mente adquiere el poder de la concentración.

2.54

$\mathcal{C}$uando la mente deja de identificarse con la actividad sensorial, se reorienta hacia el Ser.

2.55

$\mathcal{E}$sto causa un dominio perfecto de los órganos sensoriales.

III

Los poderes

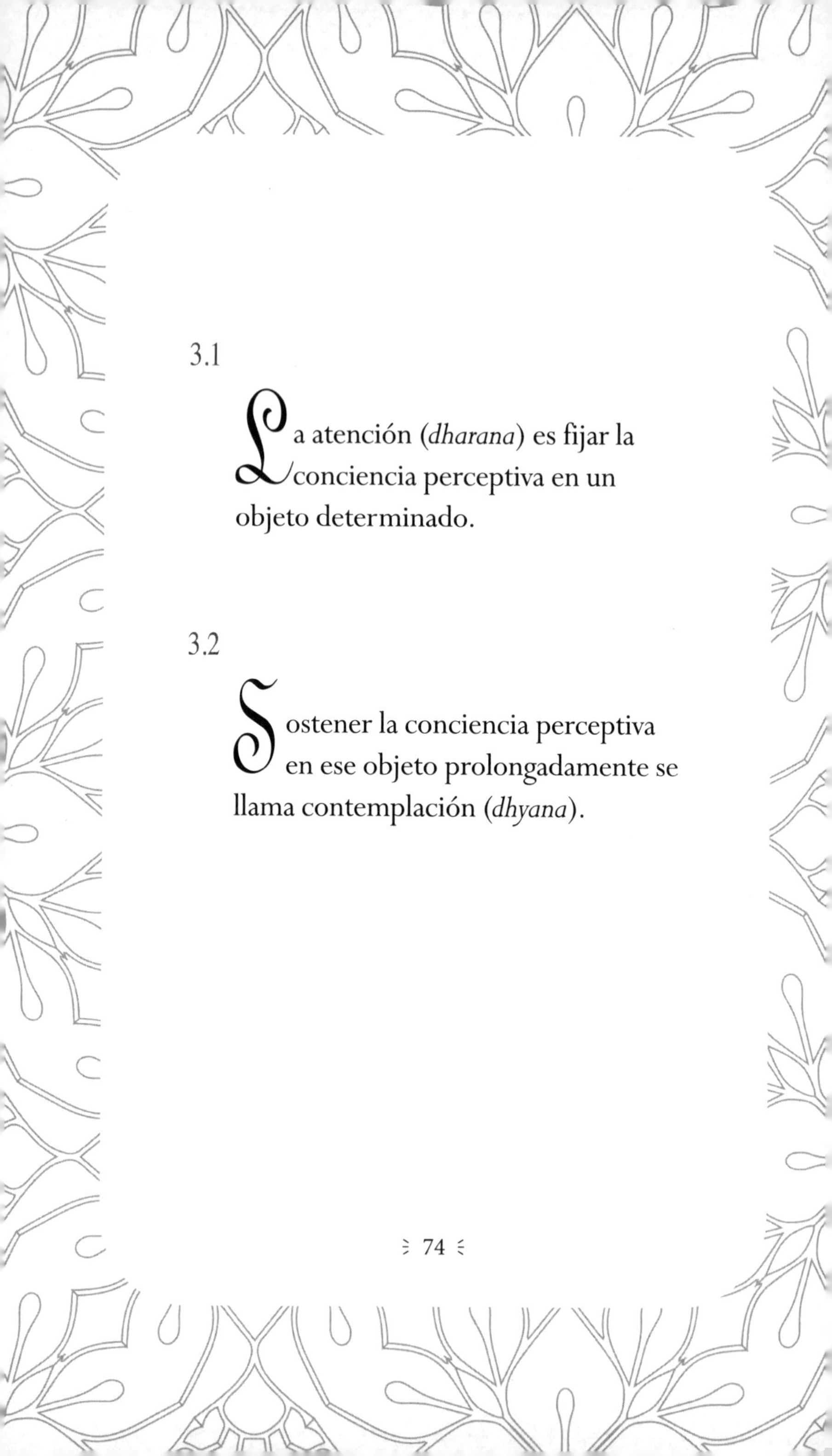

3.1

La atención (*dharana*) es fijar la conciencia perceptiva en un objeto determinado.

3.2

Sostener la conciencia perceptiva en ese objeto prolongadamente se llama contemplación (*dhyana*).

3.3

Cuando en la contemplación, la conciencia se enfoca totalmente en el objeto contemplado, sin sensación de separatividad ni sensación de personalidad, es lo que se llama meditación (*samadhi*).

3.4

Cuando los tres: atención, contemplación y meditación se realizan al mismo tiempo, es lo que se llama Meditación Concentrada (*samyama*).

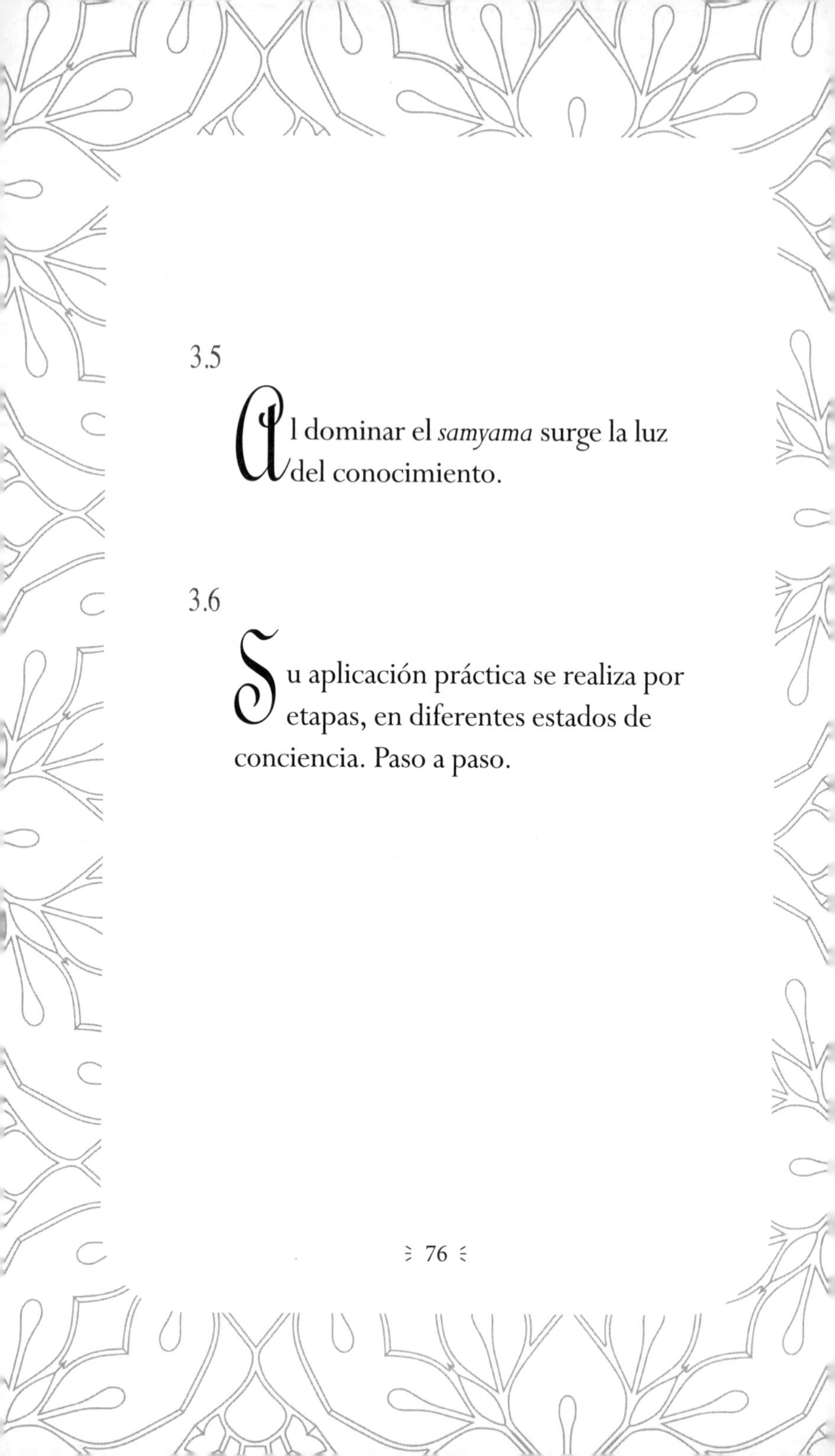

3.5

Al dominar el *samyama* surge la luz del conocimiento.

3.6

Su aplicación práctica se realiza por etapas, en diferentes estados de conciencia. Paso a paso.

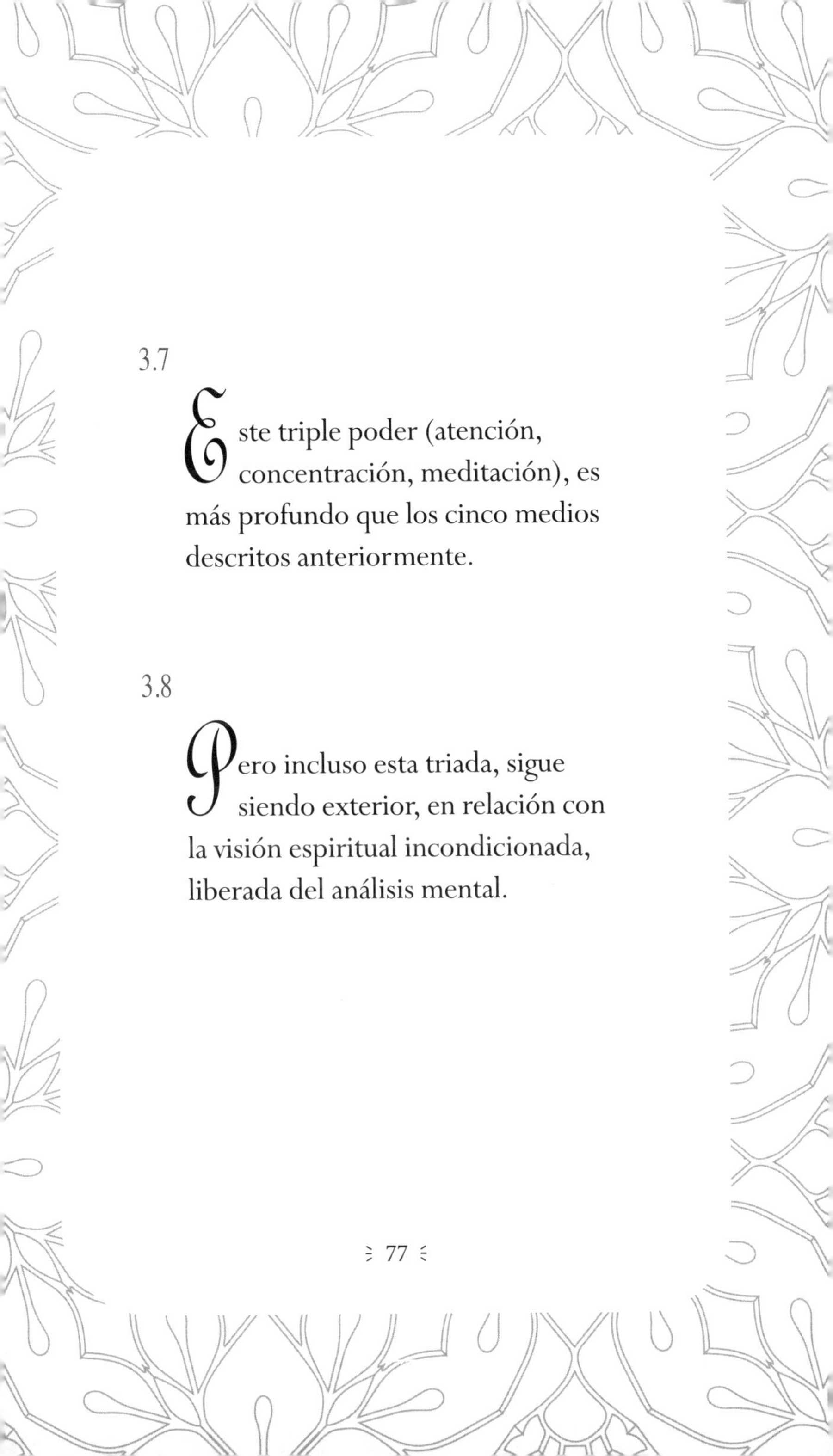

3.7

Este triple poder (atención, concentración, meditación), es más profundo que los cinco medios descritos anteriormente.

3.8

Pero incluso esta triada, sigue siendo exterior, en relación con la visión espiritual incondicionada, liberada del análisis mental.

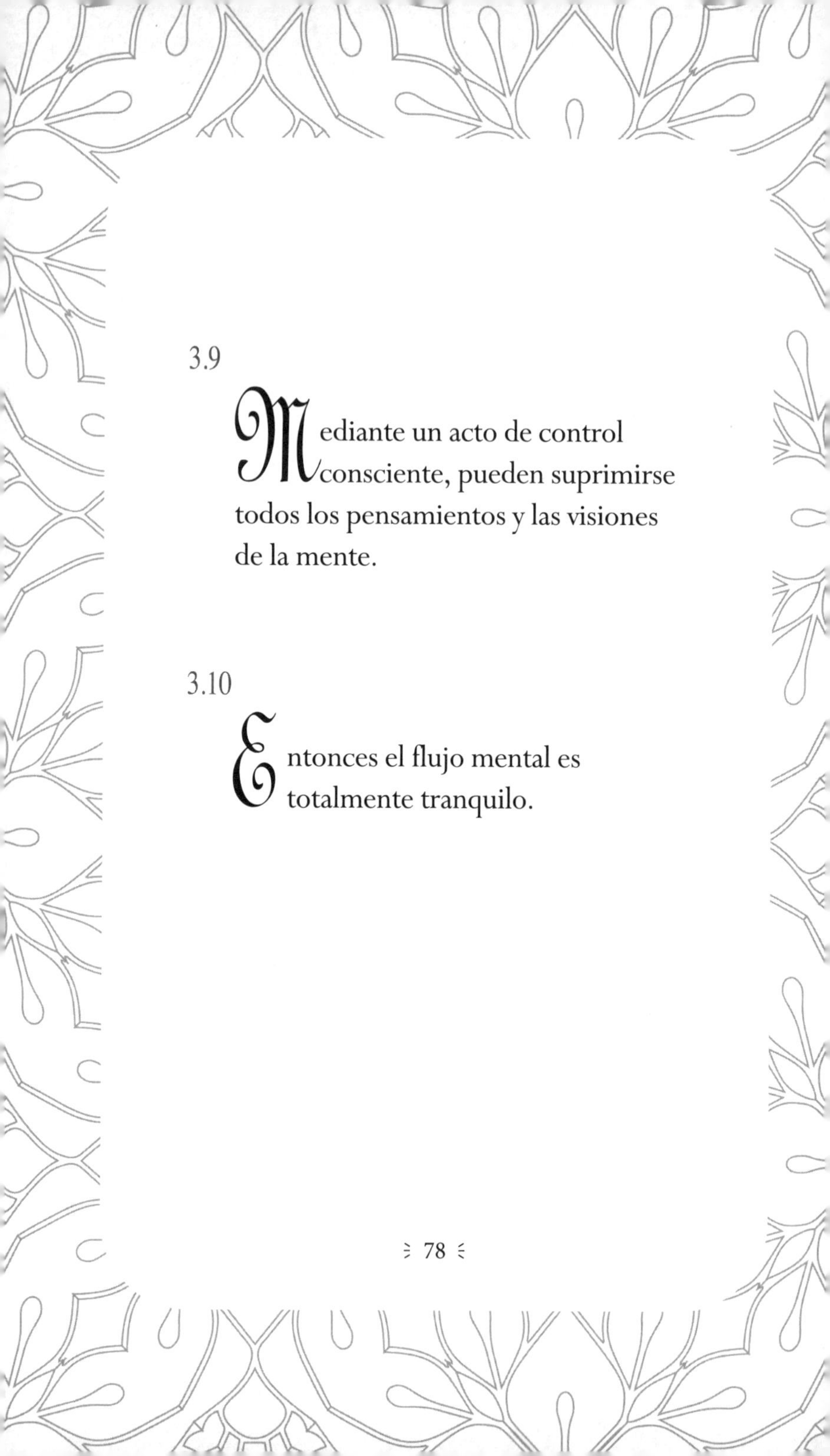

3.9

Mediante un acto de control consciente, pueden suprimirse todos los pensamientos y las visiones de la mente.

3.10

Entonces el flujo mental es totalmente tranquilo.

3.11

*L*as distracciones mentales desaparecen y la mente se vuelve totalmente unidireccional.

3.12

*L*as ondas de pensamiento similares se suceden entonces sin ninguna separación entre ellas.

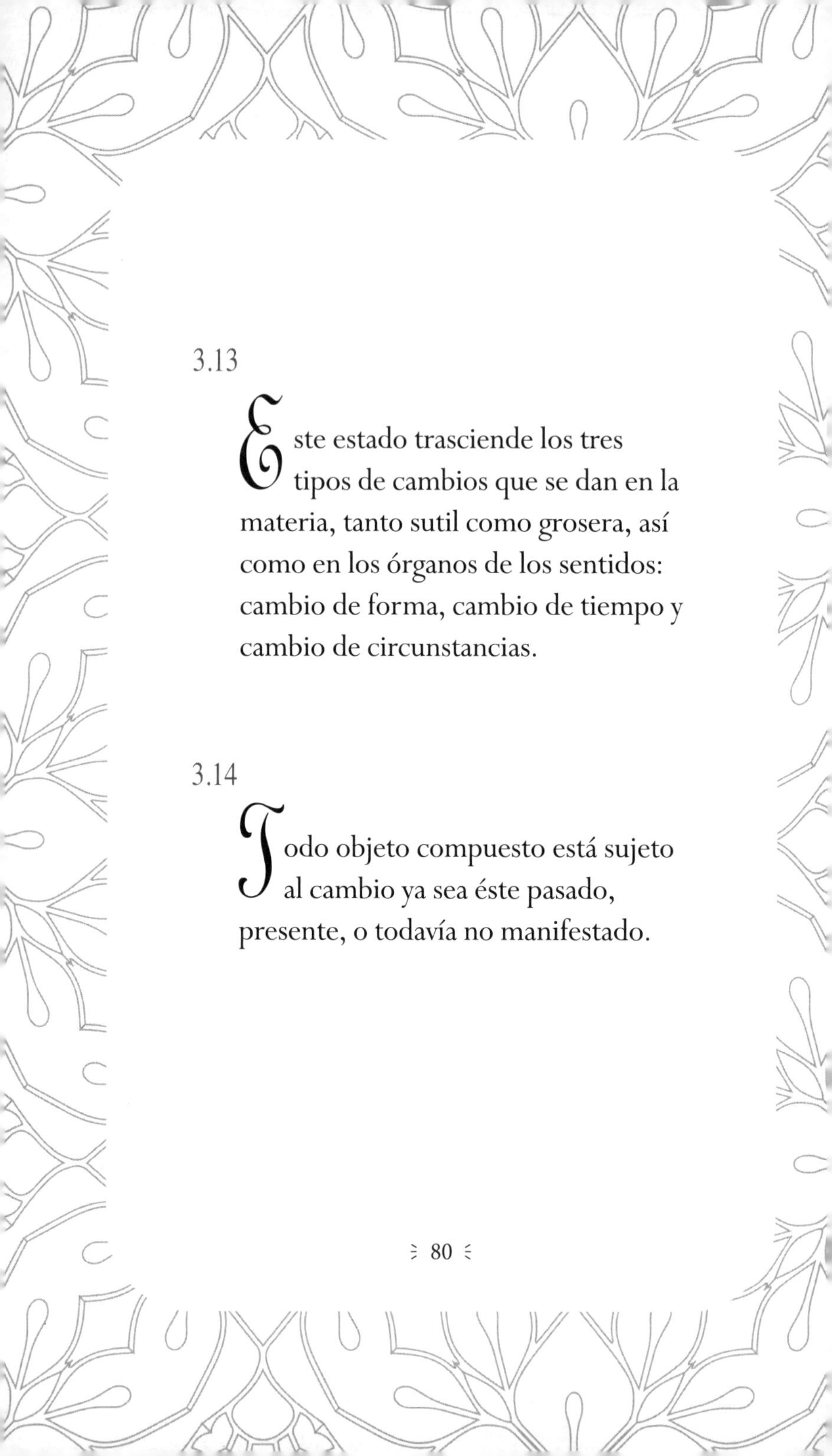

Este estado trasciende los tres tipos de cambios que se dan en la materia, tanto sutil como grosera, así como en los órganos de los sentidos: cambio de forma, cambio de tiempo y cambio de circunstancias.

Todo objeto compuesto está sujeto al cambio ya sea éste pasado, presente, o todavía no manifestado.

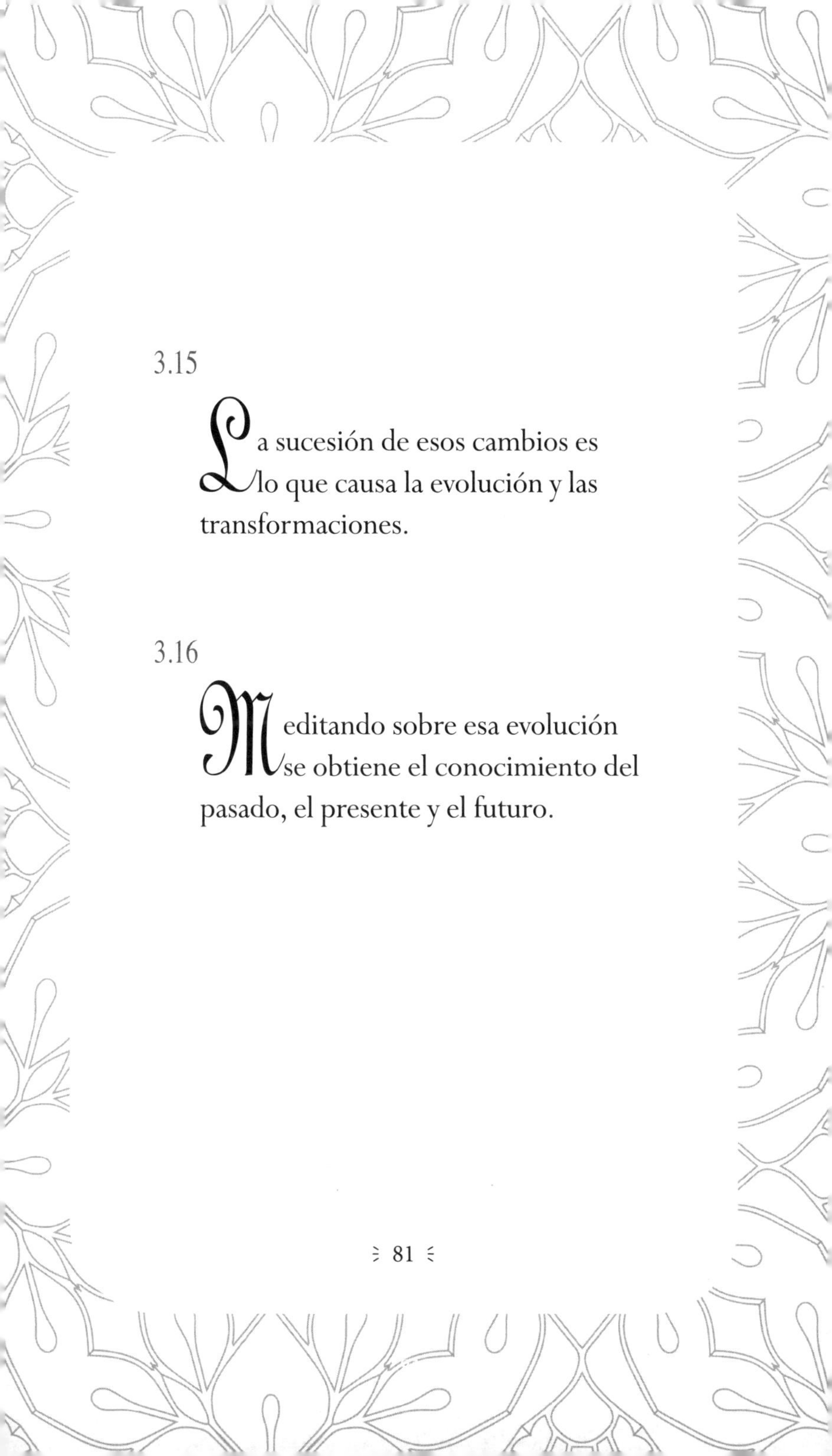

3.15

La sucesión de esos cambios es lo que causa la evolución y las transformaciones.

3.16

Meditando sobre esa evolución se obtiene el conocimiento del pasado, el presente y el futuro.

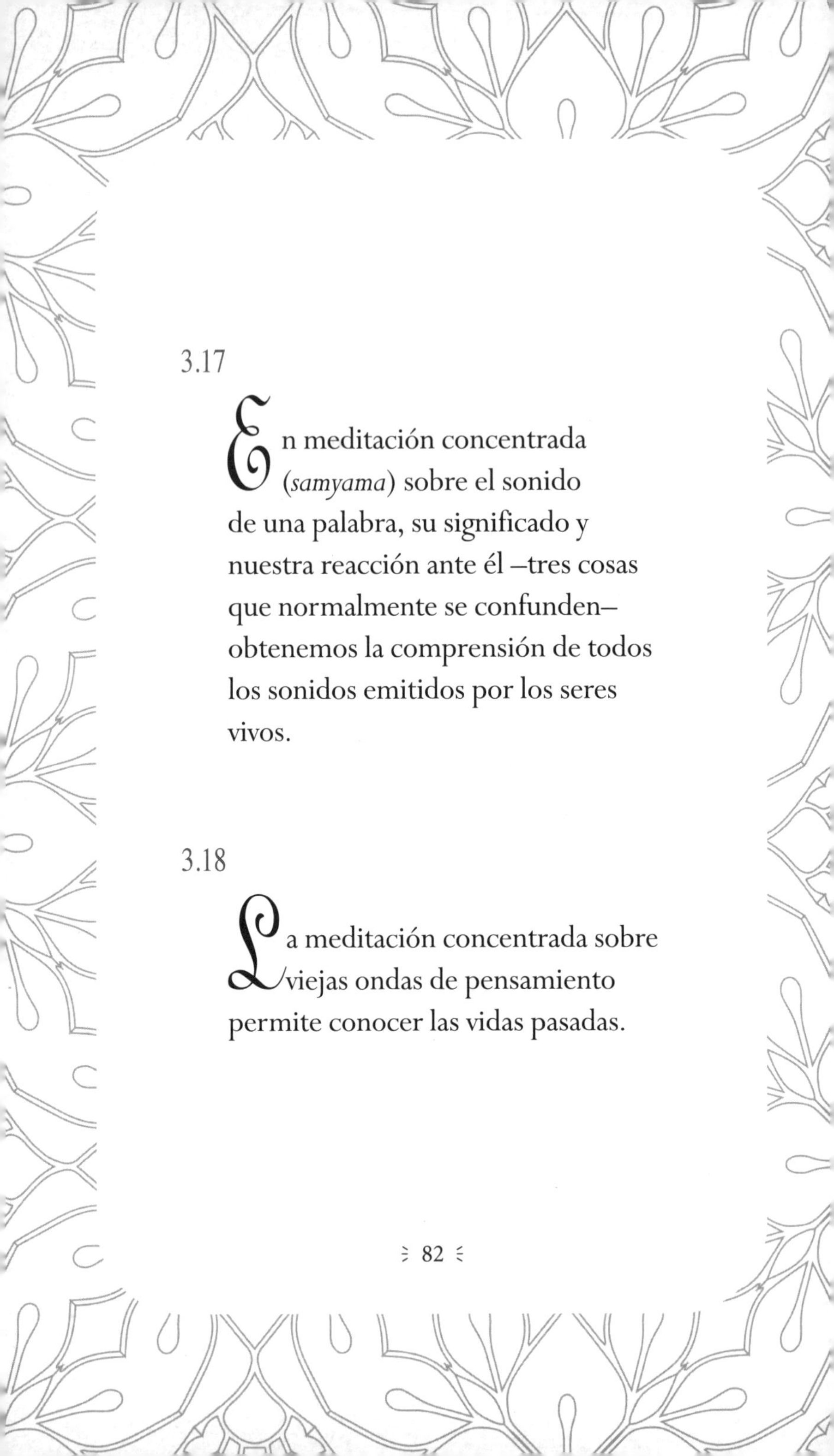

3.17

En meditación concentrada (*samyama*) sobre el sonido de una palabra, su significado y nuestra reacción ante él –tres cosas que normalmente se confunden– obtenemos la comprensión de todos los sonidos emitidos por los seres vivos.

3.18

La meditación concentrada sobre viejas ondas de pensamiento permite conocer las vidas pasadas.

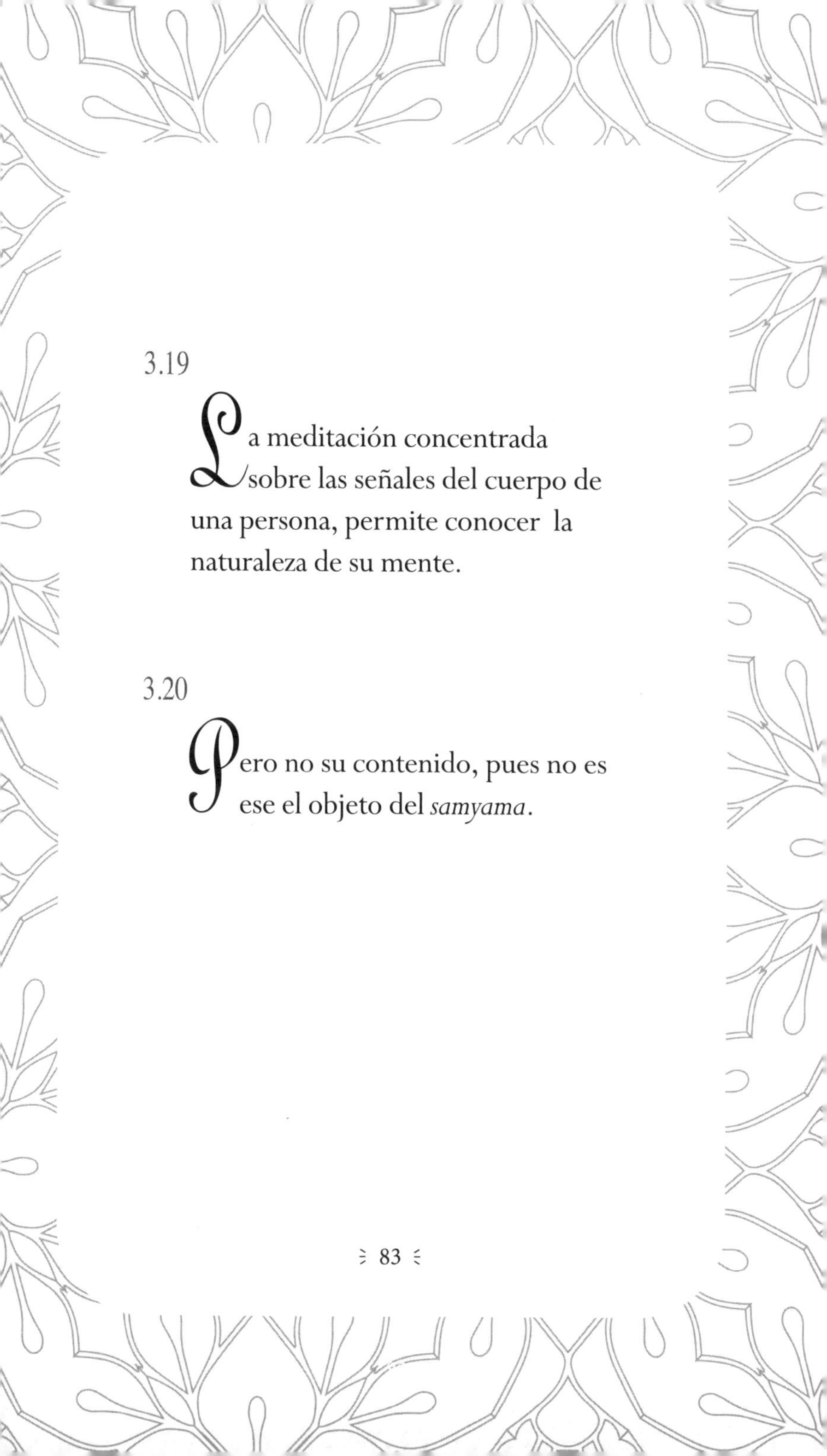

3.19

*L*a meditación concentrada sobre las señales del cuerpo de una persona, permite conocer la naturaleza de su mente.

3.20

*P*ero no su contenido, pues no es ese el objeto del *samyama*.

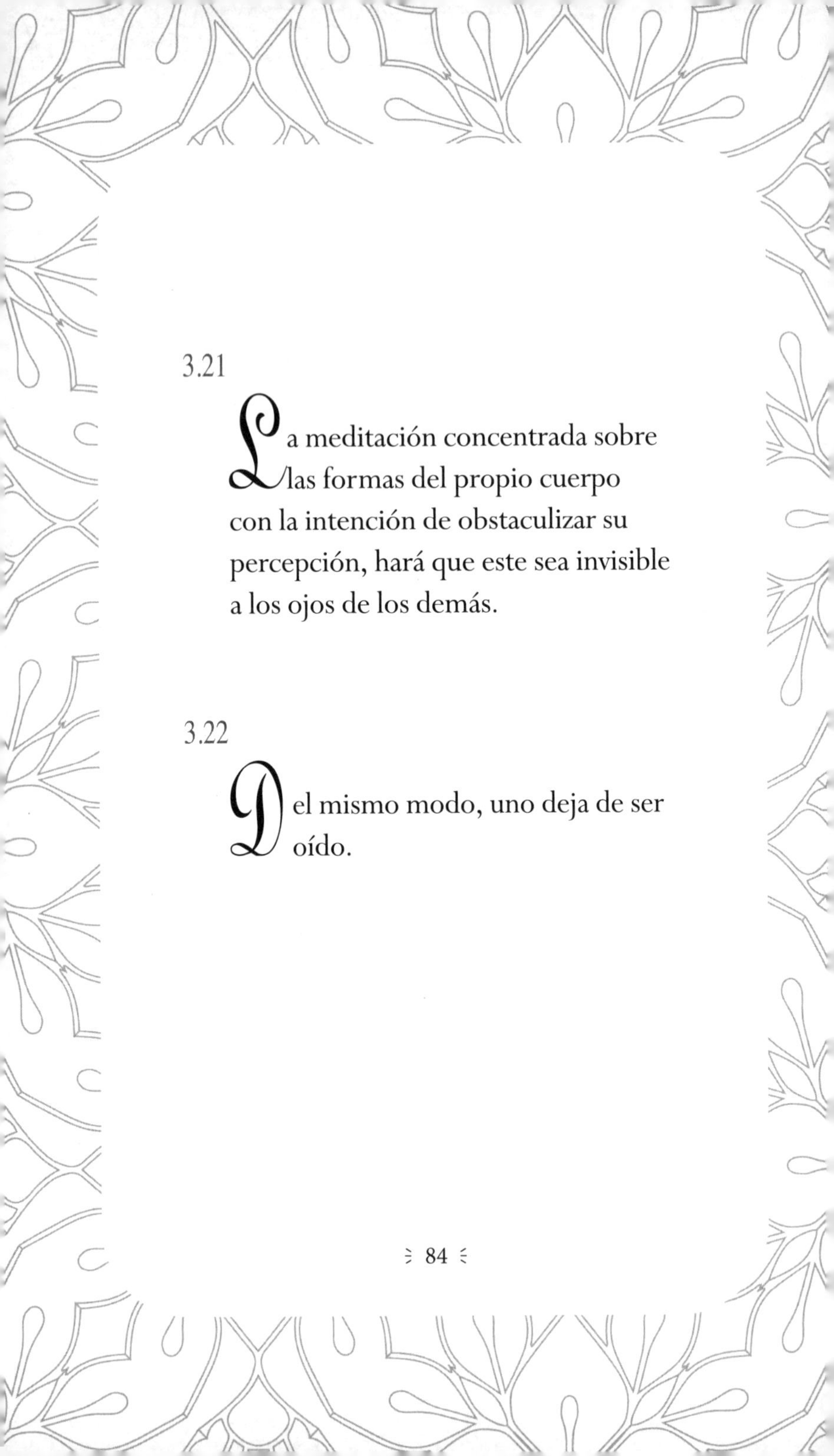

3.21

La meditación concentrada sobre las formas del propio cuerpo con la intención de obstaculizar su percepción, hará que este sea invisible a los ojos de los demás.

3.22

Del mismo modo, uno deja de ser oído.

3.23

La manifestación del karma puede
ser próxima o no. A través de
la meditación concentrada sobre
ambos tipos de karma y también por
señales y presagios se puede conocer
el momento exacto en que ocurrirá la
separación del cuerpo físico.

3.24

Con la meditación concentrada
sobre la amabilidad, la compasión,
etc., se obtienen los poderes de esas
cualidades.

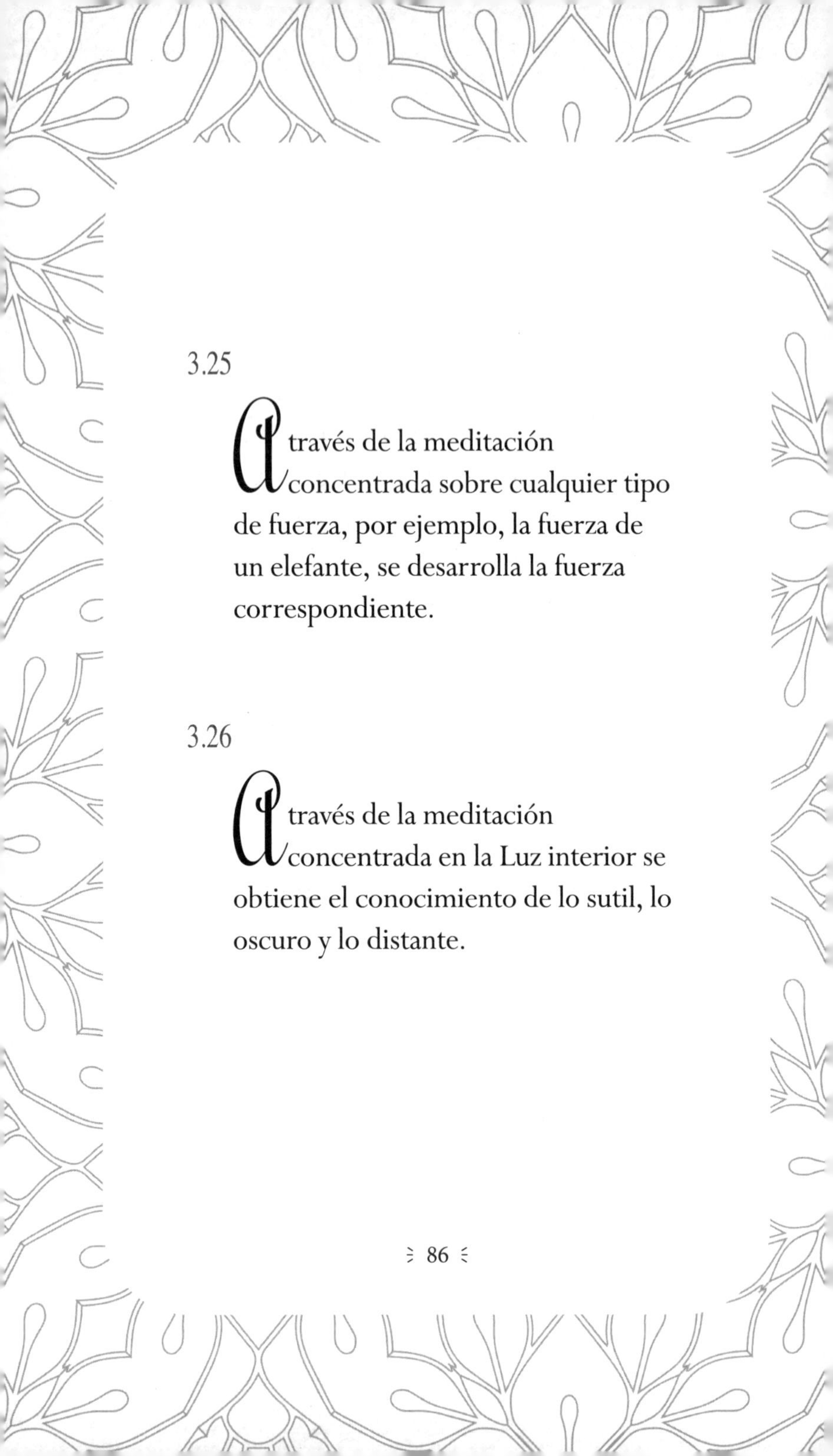

3.25

A través de la meditación concentrada sobre cualquier tipo de fuerza, por ejemplo, la fuerza de un elefante, se desarrolla la fuerza correspondiente.

3.26

A través de la meditación concentrada en la Luz interior se obtiene el conocimiento de lo sutil, lo oscuro y lo distante.

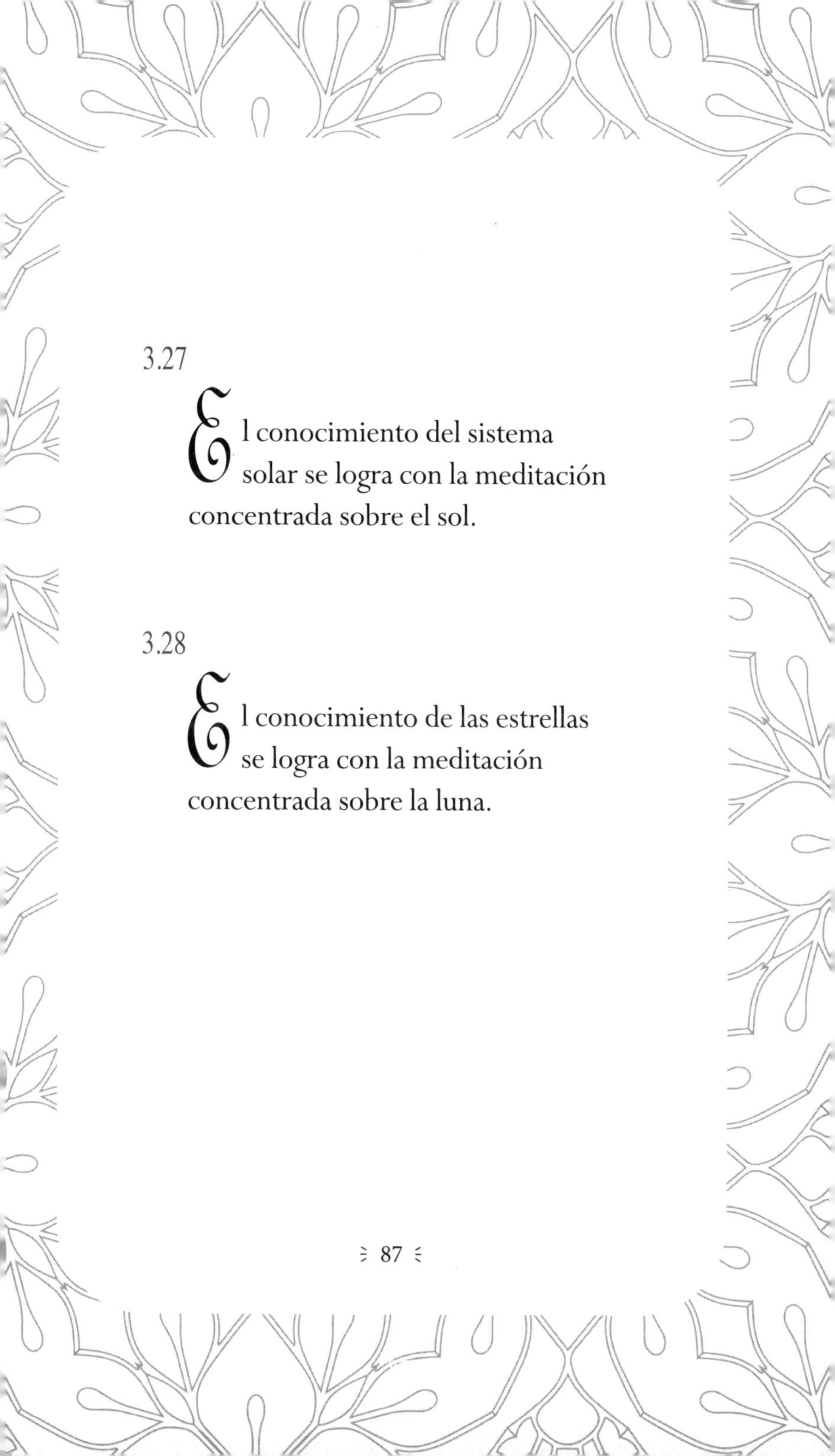

3.27

El conocimiento del sistema solar se logra con la meditación concentrada sobre el sol.

3.28

El conocimiento de las estrellas se logra con la meditación concentrada sobre la luna.

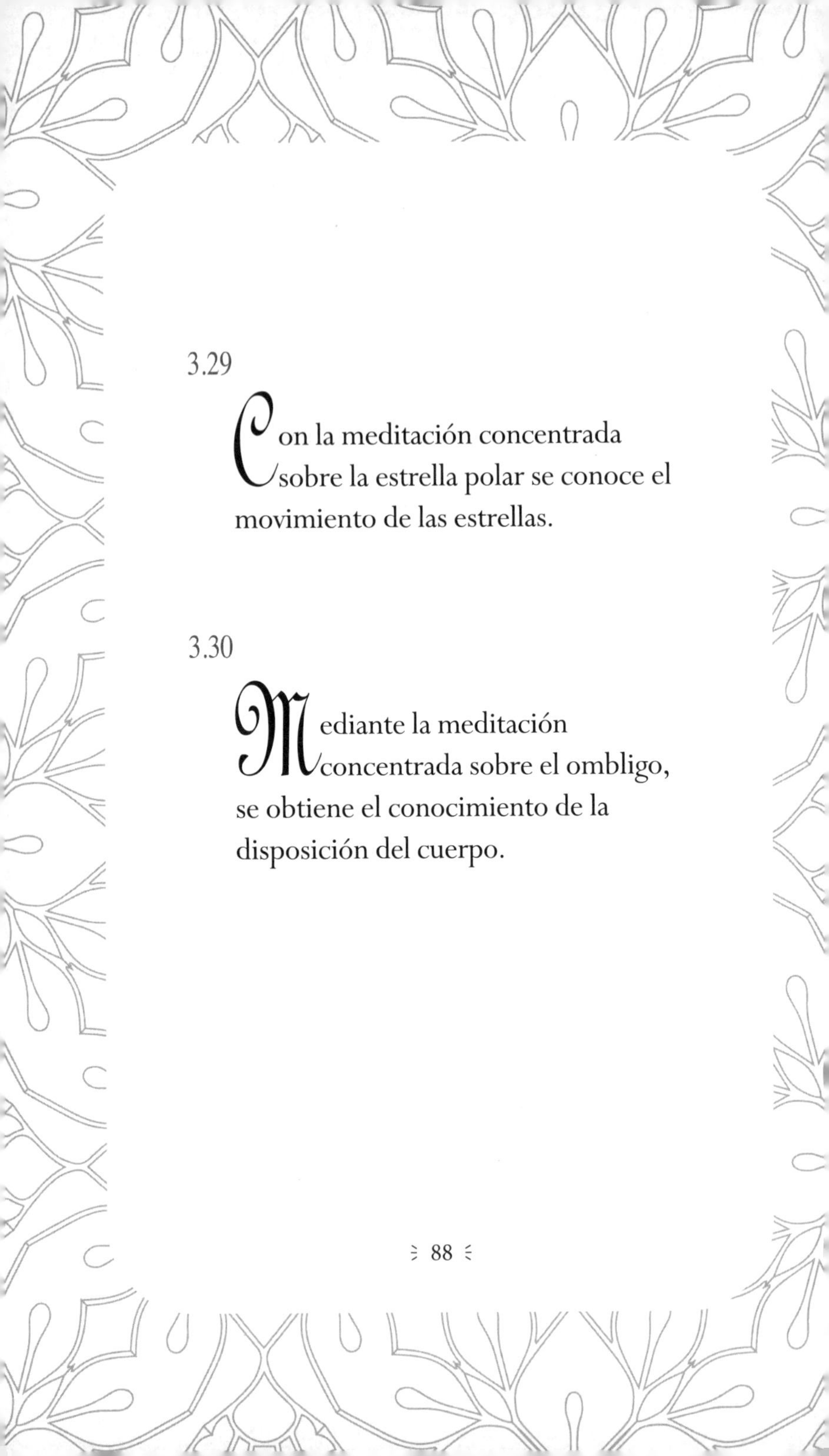

3.29

Con la meditación concentrada sobre la estrella polar se conoce el movimiento de las estrellas.

3.30

Mediante la meditación concentrada sobre el ombligo, se obtiene el conocimiento de la disposición del cuerpo.

3.31

Sobre la garganta se suprimen el hambre y la sed.

3.32

Sobre el canal de pecho (*Kürma Nädi*) se obtiene la estabilidad.

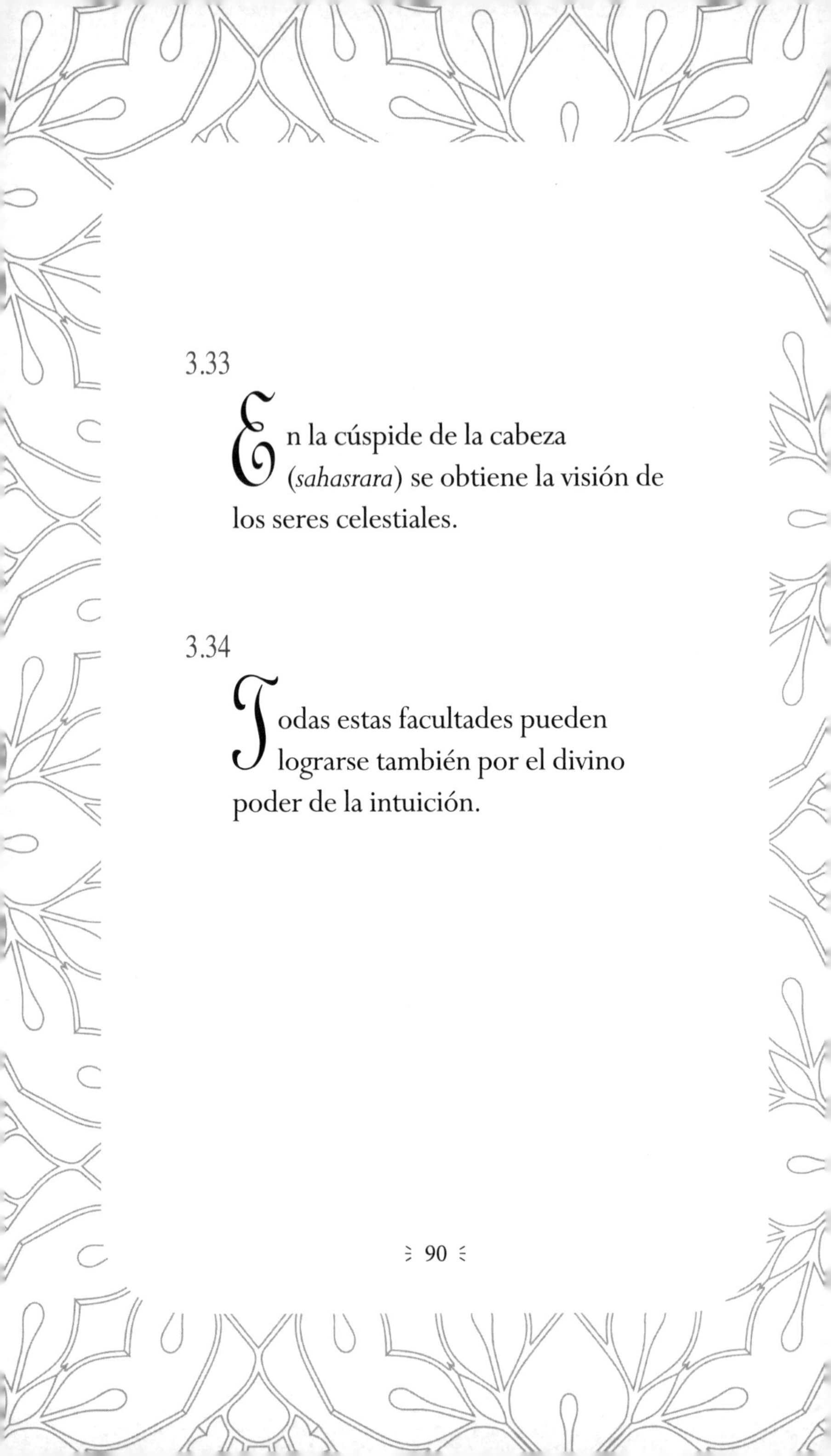

3.33

En la cúspide de la cabeza (*sahasrara*) se obtiene la visión de los seres celestiales.

3.34

Todas estas facultades pueden lograrse también por el divino poder de la intuición.

3.35

Mediante la meditación concentrada sobre el corazón, se logra conocer el contenido de la mente.

3.36

Cuando la experiencia sensible se vuelve hacia el exterior no distingue al sujeto del objeto y los confunde. Si se orienta hacia el interior, a través de la meditación concentrada descubre al Ser.

3.37

Así llega el conocimiento, y también las facultades sutiles del oído, el tacto, la vista, el gusto y el olfato.

3.38

Aunque para el mundo estos poderes psíquicos son deseables, en realidad se trata de obstáculos en el camino hacia el *samadhi*.

3.39

Cuando las trabas mentales causadas por el karma desaparecen y se tiene el conocimiento adecuado, es posible para la conciencia penetrar en el cuerpo de otra persona.

3.40

Controlando las corrientes nerviosas que gobiernan los pulmones y la parte superior del cuerpo es posible caminar sobre el agua, sobre barro, sobre espinas u objetos cortantes, así como también dejar el cuerpo a voluntad.

3.41

Controlando el flujo del *prana* es posible rodear al cuerpo con un brillante resplandor.

3.42

Con la meditación concentrada en la relación existente entre el oído y el éter, se puede obtener la facultad auditiva sobrenatural.

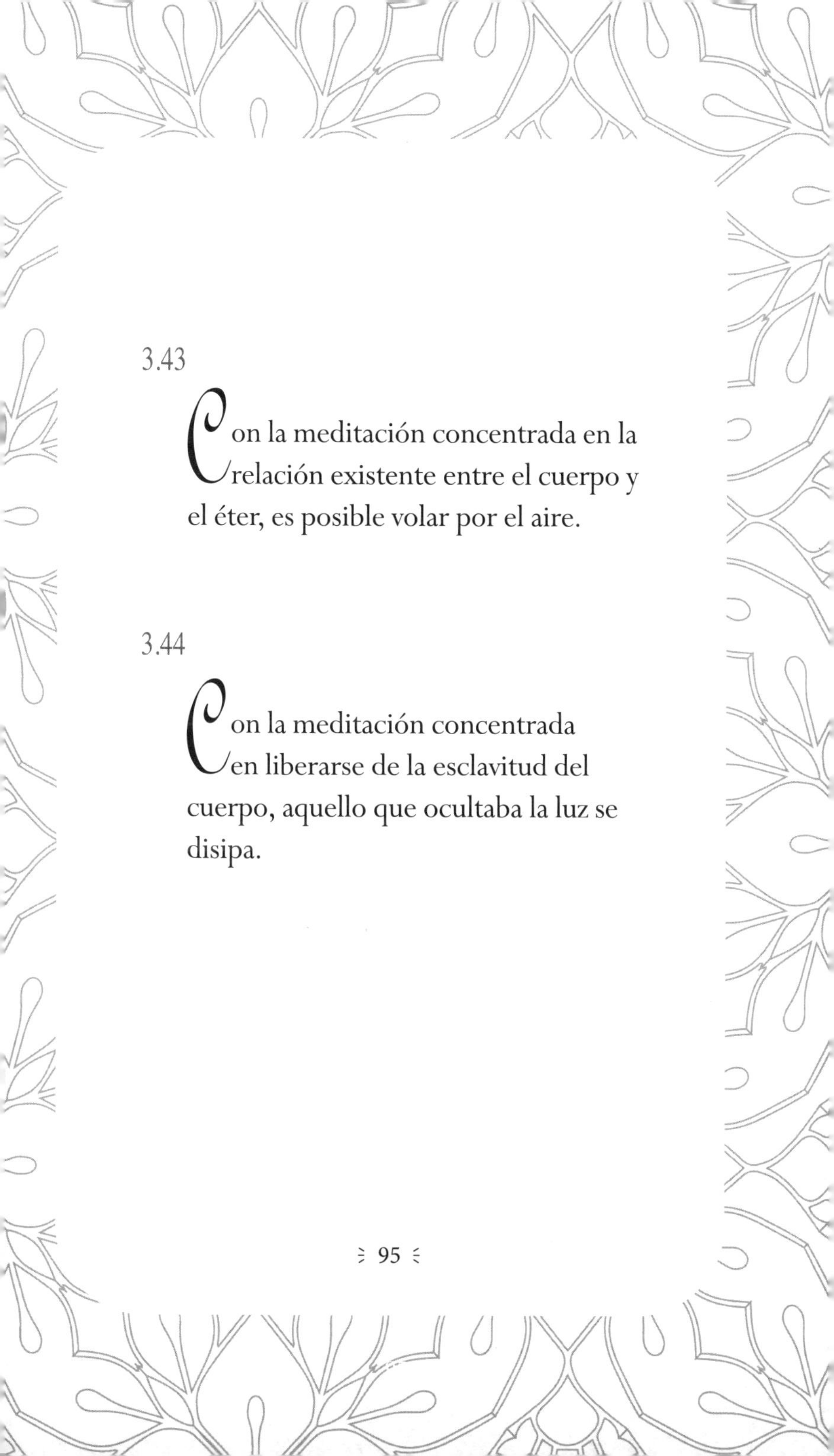

3.43

Con la meditación concentrada en la relación existente entre el cuerpo y el éter, es posible volar por el aire.

3.44

Con la meditación concentrada en liberarse de la esclavitud del cuerpo, aquello que ocultaba la luz se disipa.

3.45

Mediante la meditación concentrada en los cinco elementos, en su fin, su función y la relación entre su apariencia externa, su forma y su esencia sutil, se obtiene el dominio de los cinco elementos.

3.46

Así se adquiere el poder de reducir el cuerpo hasta el tamaño de un átomo, y de volverlo perfecto e incorruptible, ajeno a las influencias de los elementos.

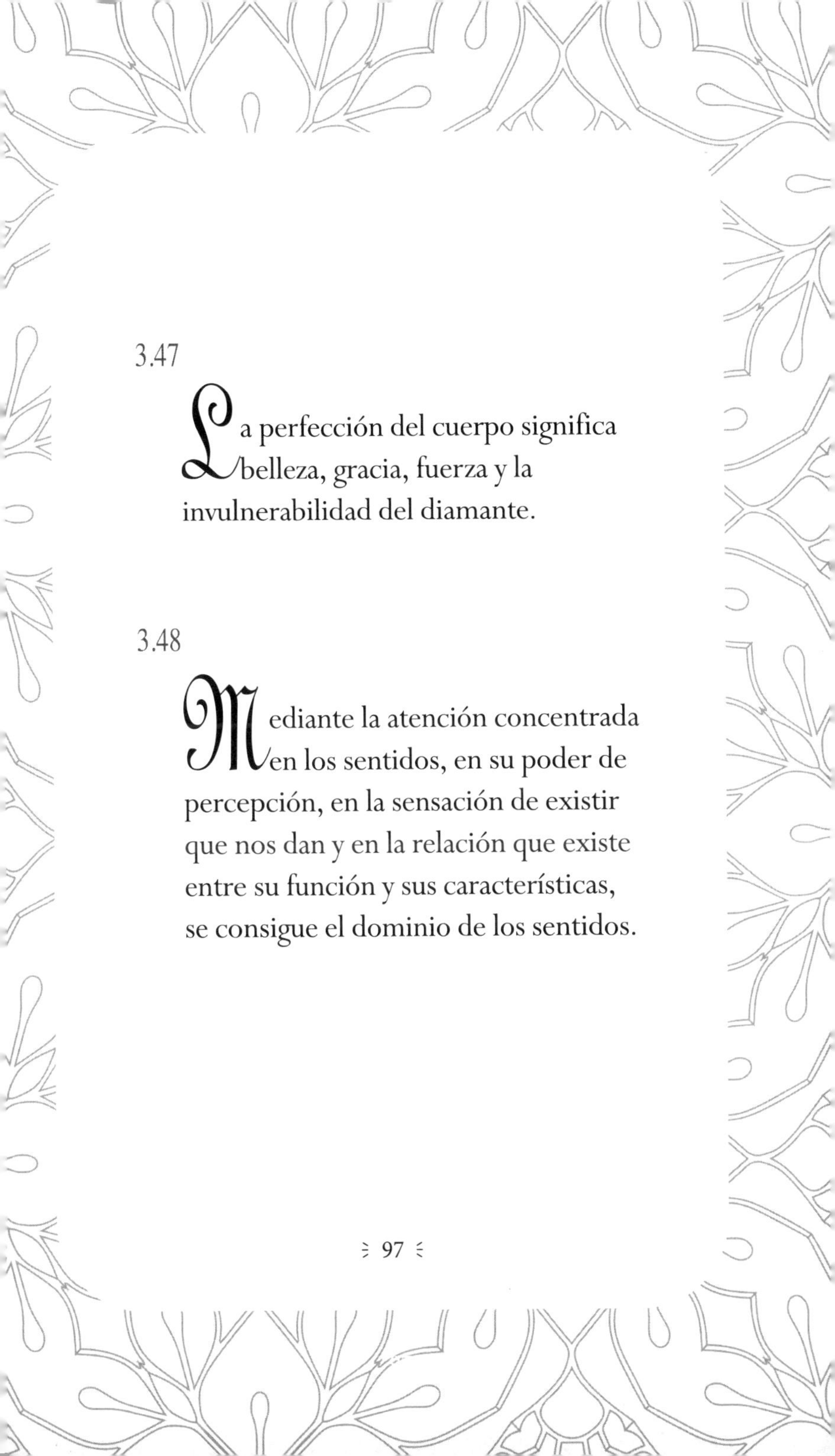

3.47

La perfección del cuerpo significa belleza, gracia, fuerza y la invulnerabilidad del diamante.

3.48

Mediante la atención concentrada en los sentidos, en su poder de percepción, en la sensación de existir que nos dan y en la relación que existe entre su función y sus características, se consigue el dominio de los sentidos.

3.49

Gracias a ello uno logra desplazarse como el pensamiento, puede utilizar los sentidos sin el vehículo corporal, y conoce la esencia del universo.

3.50

Cuando a través de la meditación concentrada sobre el Ser, uno logra desprenderse totalmente del mundo físico, se logra la omnipotencia y la omnisciencia.

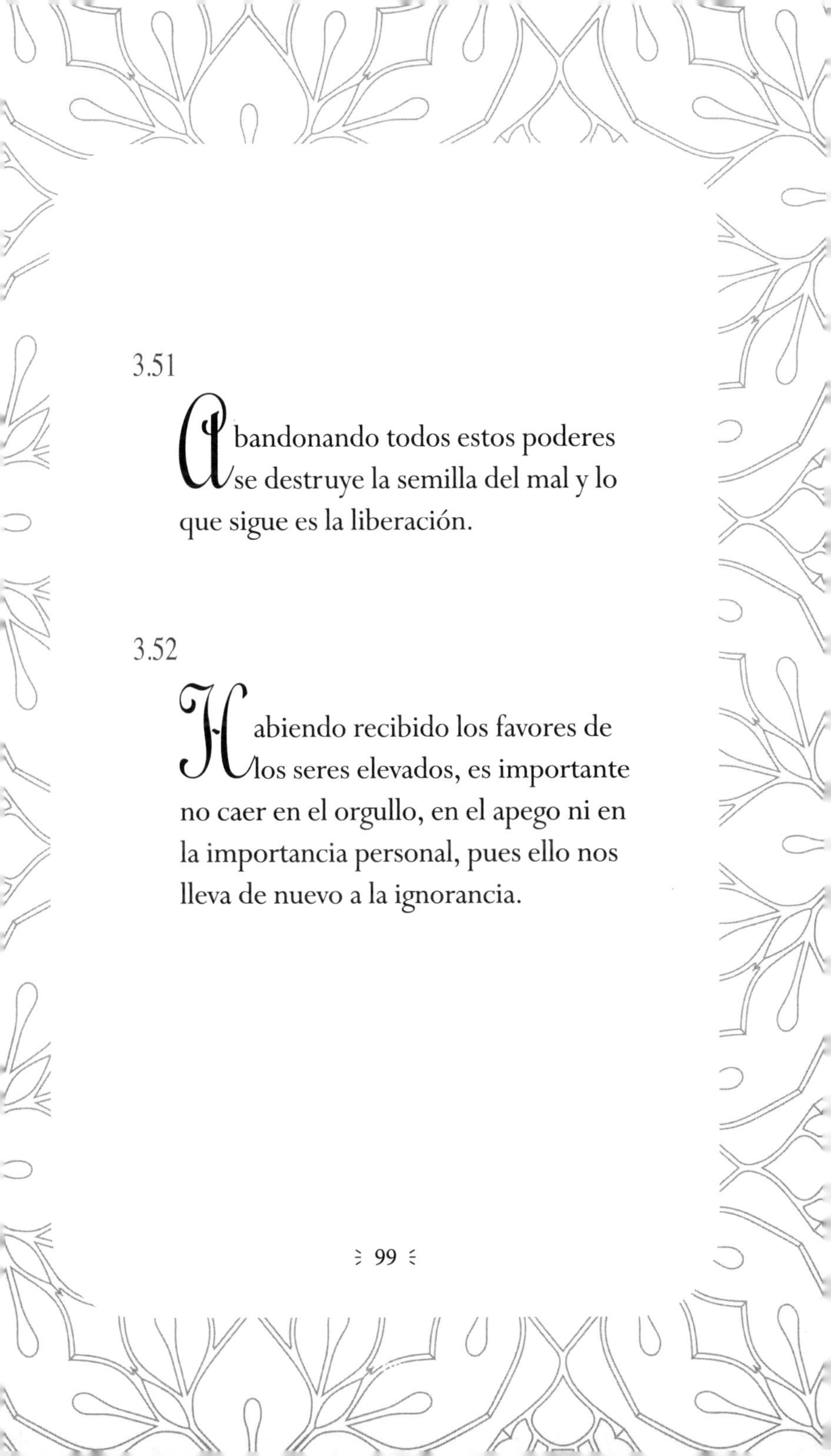

3.51

Abandonando todos estos poderes se destruye la semilla del mal y lo que sigue es la liberación.

3.52

Habiendo recibido los favores de los seres elevados, es importante no caer en el orgullo, en el apego ni en la importancia personal, pues ello nos lleva de nuevo a la ignorancia.

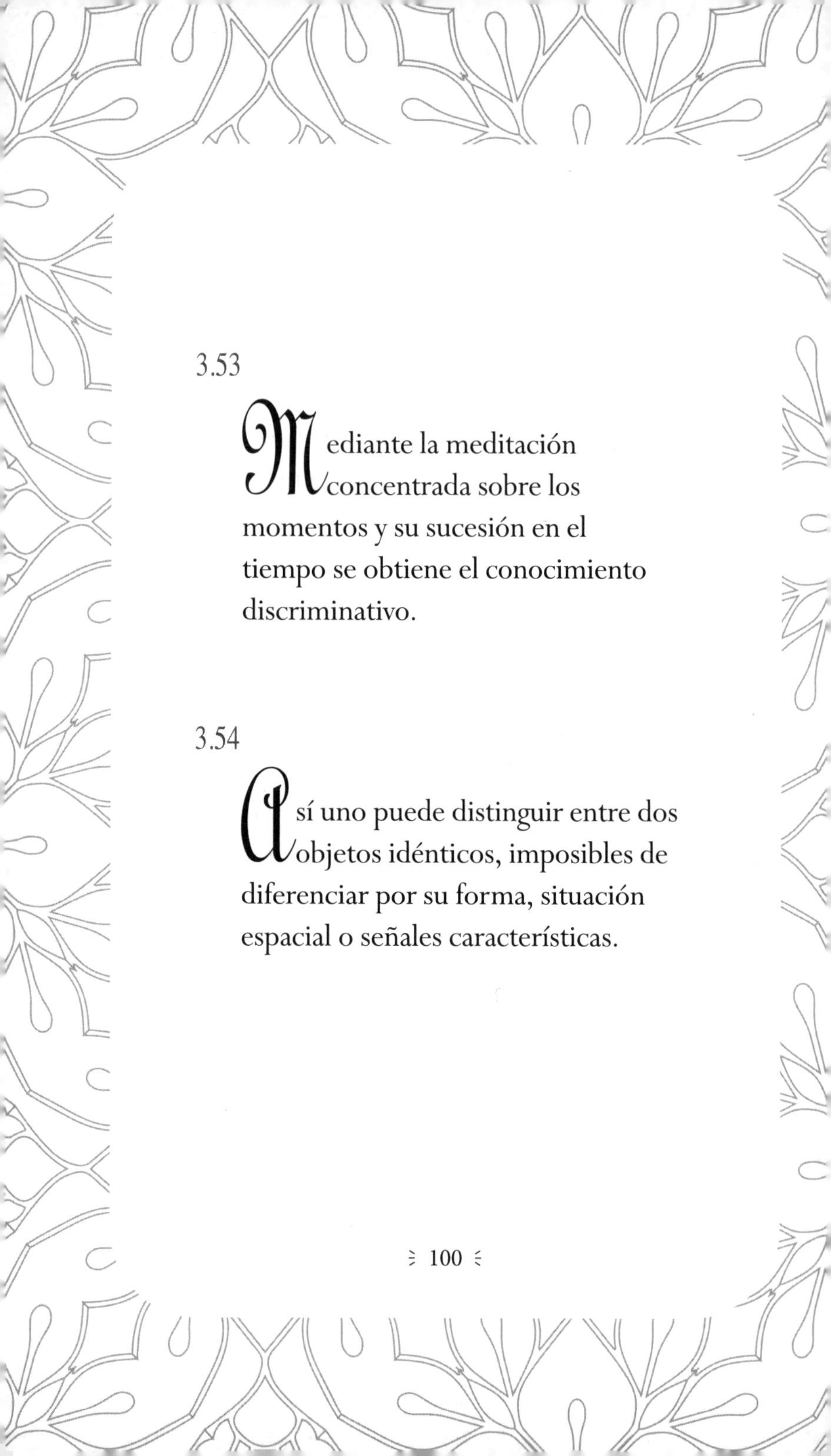

3.53

Mediante la meditación concentrada sobre los momentos y su sucesión en el tiempo se obtiene el conocimiento discriminativo.

3.54

Así uno puede distinguir entre dos objetos idénticos, imposibles de diferenciar por su forma, situación espacial o señales características.

3.55

*E*ste conocimiento discriminativo libera al hombre de la esclavitud de la ignorancia. Comprende la totalidad de los objetos simultáneamente, en todo momento de su existencia y en todas sus modificaciones.

3.56

*C*uando la mente logra la pureza del Ser, se alcanza la perfección.

IV

La liberación

4.1

Los poderes psíquicos se pueden obtener a través del nacimiento, con drogas, mediante el poder de la palabra, o a través de las austeridades y la concentración.

4.2

La exuberancia de las fuerzas de la Naturaleza es lo que hace que una sustancia se transforme en otra.

4.3

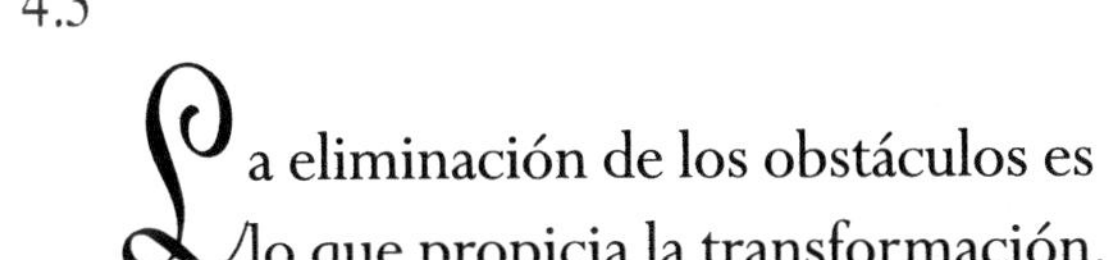

La eliminación de los obstáculos es lo que propicia la transformación.

4.4

Las mentes son creadas por el ego.

4.5

Aunque las actividades de las mentes creadas son diversas, la mente original las controla a todas.

4.6

Solo la mente purificada por la meditación está libre de karma y de deseos.

4.7

El karma del yogui no es blanco ni negro. El de los demás es negro, blanco o mezclado.

4.8

Entre las tendencias generadas por esos tres tipos de karma, solo se manifiestan aquellas propiciadas por las circunstancias.

4.9

Esas tendencias están en nosotros
como un recuerdo y por ello
la cadena de causa y efecto no se
interrumpe aunque cambie la especie,
el tiempo o el lugar.

4.10

No tienen principio, pues el deseo
de vivir es eterno.

4.11

uestras tendencias
subconscientes dependen de
la relación entre causa y efecto. Están
basadas en la mente y son estimuladas
por los objetos de los sentidos. Si
todo esto es eliminado, las tendencias
quedan destruidas.

4.12

o que llamamos «pasado» y lo
que llamamos «futuro» existen en
todo momento en el objeto. La forma
y la expresión varían según el tiempo
sea pasado, presente o futuro.

4.13

 $\mathcal{P}$ ueden ser manifiestas o sutiles, dependiendo de la naturaleza de las *gunas*.

4.14

 $\mathcal{D}$ ado que, en todo cambio de forma o expresión, las *gunas* actúan conjuntamente, existe una unidad en todas las cosas.

4.15

Mentes diferentes perciben un mismo objeto de forma distinta. La diferencia está en el nivel de conciencia, no en el objeto.

4.16

Un objeto es percibido o no, dependiendo de que tal objeto interese o no interese a la mente. (Dependiendo que se refleje o no se refleje en ella).

4.17

Las fluctuaciones de la mente son percibidas por el *Atman* (Ser verdadero) el cual, en sí mismo es inmutable.

4.18

La mente capta la realidad y escucha a los sentidos pero en sí misma carece de luminosidad.

4.19

Por lo tanto es incapaz de percibir simultáneamente al sujeto y al objeto.

4.20

Sería necesaria una segunda mente para que percibiera a la primera, es decir, se necesitarían un número infinito de mentes, lo cual solo causaría confusión a la memoria.

4.21

*P*uro e inalterable, el Ser verdadero no es afectado por la mente. Sin embargo cuando la mente se aparta de las distracciones, puede reflejar al Ser verdadero (*Atman*).

4.22

*O*bservando todo lo que la rodea, la mente puede también observar al Ser verdadero, puede llegar a percibirlo y a comprender.

4.23

La mente tiene impresiones y deseos innumerables. Ella esparce las semillas del karma, de acuerdo a la voluntad del Ser verdadero (*Atman*).

4.24

El sabio, el hombre de discernimiento, jamás confundirá a la mente con su Señor.

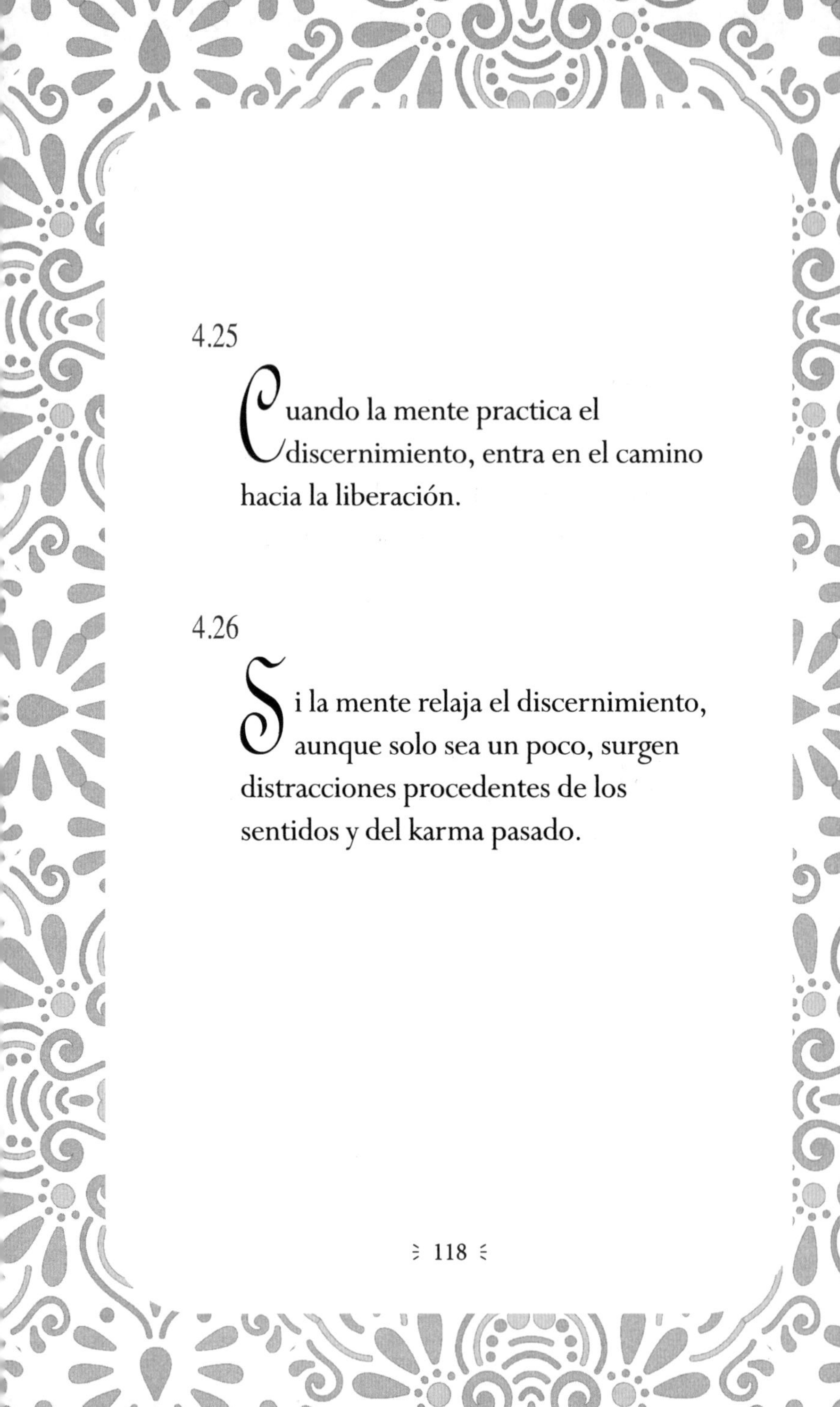

4.25

Cuando la mente practica el discernimiento, entra en el camino hacia la liberación.

4.26

Si la mente relaja el discernimiento, aunque solo sea un poco, surgen distracciones procedentes de los sentidos y del karma pasado.

4.27

Estas distracciones se vencen del mismo modo en que se vencen los obstáculos a la iluminación.

4.28

Aquel que permanece sin distraerse aunque posea todos los poderes psíquicos, logra el perfecto discernimiento alcanzando el *samadhi* que se conoce como «la nube de la virtud».

4.29

Entonces cesa toda ignorancia, que es la causa del sufrimiento y uno se libera del peso y la carga del karma.

4.30

Entonces la totalidad del universo, con todos sus objetos, sensaciones y conocimientos, llega a ser como nada, comparada con ese conocimiento infinito, libre de obstáculos e impurezas.

4.31

Entonces, cesan para siempre las transformaciones de las *gunas*, pues ya se ha cumplido su finalidad.

4.32

El tiempo no es otra cosa que la secuencia ininterrumpida de mutaciones de las *gunas*, pero esto solo se comprende cuando nos salimos fuera del tiempo, al infinito.

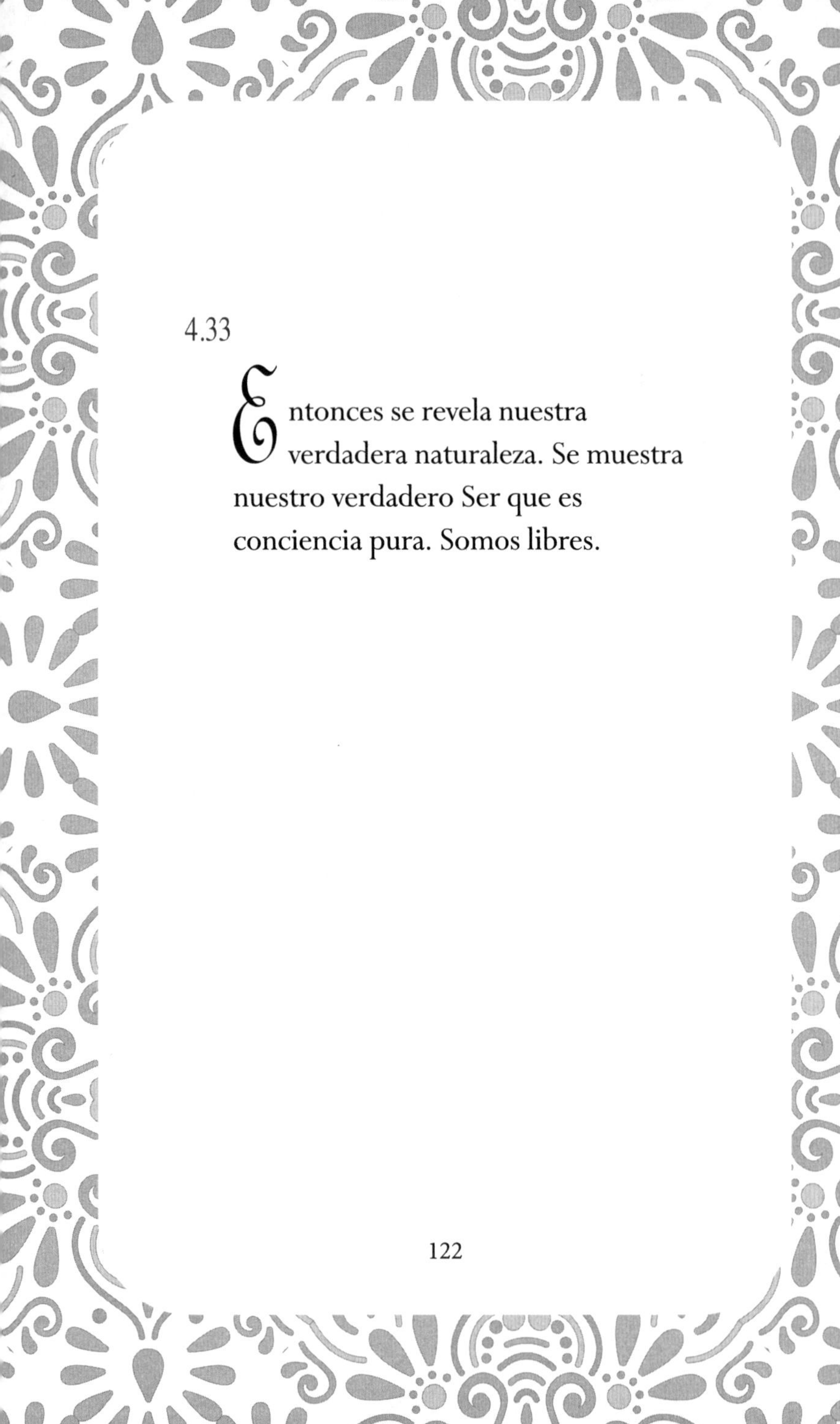

4.33

Entonces se revela nuestra verdadera naturaleza. Se muestra nuestro verdadero Ser que es conciencia pura. Somos libres.

DEBORAH ADELE
Yamas & Niyamas
La ética del YOGA
IRIO

El canto del Señor
BHAGAVAD GITA
IRIO

MANUAL CONCISO DE ANATOMÍA DEL YOGA
Una guía ilustrada hacia la ciencia del movimiento
Jo Ann Staugaard-Jones
IRIO

CÓMO MEDITAR
Y SER AL MISMO TIEMPO UN BUEN AMIGO DE TU MENTE
PEMA CHÖDRÖN
Autora de Cuando todo se derrumba
IRIO

Secuencias de Yoga
CÓMO CREAR MAGNÍFICAS CLASES DE YOGA
MARK STEPHENS
IRIO

el PROPÓSITO DEL YOGUI
UN PROGRAMA
KINO MacGREGOR
IRIO